KONFESSIONSKUNDLICHES INSTITUT (HG.)

KOMMENTAR ZU DEN LIMA-ERKLÄRUNGEN ÜBER TAUFE, EUCHARISTIE UND AMT

VANDENHOECK & RUPRECHT
IN GÖTTINGEN

BENSHEIMER HEFTE
Herausgegeben vom Evangelischen Bund
Heft 59

CIP-Kurztitelaufnahme der Deutschen Bibliothek

Kommentar zu den Lima-Erklärungen über Taufe, Eucharistie und Amt
Konfessionskundl. Inst. (Hg.)
Göttingen: Vandenhoeck & Ruprecht, 1983.
(Bensheimer Hefte; H. 59)
ISBN 3-525-87144-9

NE: Konfessionskundliches Institut (Bensheim); GT

 Printed in Germany
Göttingen · Vandenhoeck & Ruprecht · 1983
Herstellung: Ph. Reinheimer, Darmstadt
ISBN 3-525-87144-9

INHALT

VORWORT

Die Vielzahl ökumenischer ‚Papiere' ist selbst für Fachleute kaum zu überschauen. Viele Texte erleiden ein trauriges Schicksal: sie werden nur von wenigen zur Kenntnis genommen und vielleicht in einer Doktorarbeit besprochen. Die Konvergenzerklärungen der Kommission für Glauben und Kirchenverfassung des Ökumenischen Rates der Kirchen (ÖRK) über „Taufe, Eucharistie und Amt" verdienen größere Beachtung. Sie sind ein vorläufiger Abschluß von fünfzig Jahren theologischer Gespräche in der ökumenischen Bewegung. Die Erklärung selbst und die Antworten der Kirchen können entscheidende Weichenstellungen für die ökumenische Zukunft unserer Kirchen werden. Der ÖRK wünscht einen „geistlichen Prozeß der Rezeption" in den Gemeinden und „offizielle Stellungnahmen" der höchsten Autoritäten der Kirchen.

Für evangelisches Kirchenverständnis ist es unerläßlich, daß die Gemeindeglieder in den Rezeptionsprozeß einbezogen werden. Allerdings mögen die Themen ‚Taufe, Abendmahl und Amt' nicht bei allen Christen auf Interesse stoßen, zumal die teilweise schwer verständliche traditionelle theologische Fachsprache der Lima-Erklärungen den Zugang keineswegs erleichtert. Dennoch muß in jeder Gemeinde wenigstens der Versuch gemacht werden, sich den Anregungen und Anfragen aus der Ökumene zu stellen. Es genügt nicht, den ökumenisch Interessierten die Rezeption zu überlassen, weil dann nur Ökumeniker ökumenische Texte verhandeln und die ökumenische Bewegung zu einer elitären Sache würde. Da die Lima-Erklärungen im vollen Wortlaut zu schwierig für Gespräche in den Gemeinden sind, wurde didaktisch aufbereitetes Material erstellt, mit dem in kursorischer Lektüre Gemeindeabende gestaltet werden können: „Die Lima-Erklärungen: Material für evangelische Rezeption"

(Arbeitsbögen, 28 Seiten DIN A 4, 1,— DM, ab 30 Ex. 0,70 DM, weitere Mengenpreise nach Vereinbarung. Bestellungen an: Konfessionskundliches Institut, 6140 Bensheim.)

Der vorliegende Kommentar ist für die theologischen Mitarbeiter der Kirchen gedacht, als Hilfe für die Vorbereitung von Gemeindeveranstaltungen und für Antworten an den ÖRK. Er ist praxisbezogen und ersetzt nicht Detailstudien historischer, systematischer und kirchenkundlicher Art; hierfür wird u. a. auf die angekündigten Studien des ÖRK verwiesen (Vorwort S. 8). Zum Rezeptionsprozeß gehört, daß außer den Gemeinden auch Pfarrkonvente, die Pastoralkollegs, die theologischen Arbeitsgemeinschaften, die Universitätstheologen in Forschung und Lehre, die Kirchenleitungen, die Kreis- und Landessynoden und die EKD-Synode sich mit den Lima-Erklärungen befassen.

Bei der Rezeption geht es nicht um einen Ökumenismus auf der Basis des kleinsten gemeinsamen Nenners, auch nicht um den Jubelruf einiger ökumenischer Theologen, daß ‚theologisch' alle kirchentrennenden Gegensätze überwunden seien und nun die ‚Amtskirchen' endlich Konsequenzen ziehen müßten. So einfach ist die Ökumene leider nicht.

Es geht um klar profilierte Antworten der Kirchen und Konfessionen:

- Wollen sie von den Erfahrungen anderer lernen und sich dann auch verändern lassen?
- Sind sie bereit, bisher fremde Glaubensweisen und andere Konfessionen anzuerkennen, auch wenn sie selbst im einzelnen deren Glauben und Praxis nicht teilen?
- Welche Konvergenzaussagen widersprechen so sehr dem eigenen Glauben, daß ein klares Nein gesagt werden muß?

Bei der Fülle der zu erwartenden Stellungnahmen und Rezeptionsimpulse will der vorliegende Kommentar eine kleine Lesehilfe sein.

Bensheim, im März 1983 Reinhard Frieling

VORGESCHICHTE UND REZEPTION

Erich Geldbach

Vom 2. bis 16. Januar 1982 tagte die Kommission für Glauben und Kirchenverfassung des Ökumenischen Rats der Kirchen (ÖRK) in Lima/Peru. Sie verabschiedete sogenannte Konvergenzerklärungen zu Taufe, Eucharistie und Amt, die inzwischen als Lima-Erklärung bezeichnet und weltweit diskutiert werden.

Die Kommission für Glauben und Kirchenverfassung ist für die theologische Arbeit des ÖRK zuständig. Als nach Jahrhunderten der konfessionellen Trennungen in unserem Jahrhundert die ökumenische Bewegung entstand, galt das Hauptinteresse zunächst der Missionsarbeit und ihrer Koordination sowie praktischen sozialethischen Fragestellungen. Der Erste Weltkrieg bedeutete nicht nur Vernichtung und Elend für viele Menschen, sondern markierte auch den Zusammenbruch einer christlich geprägten Kultur, wie insbesondere Christen in Asien, Afrika und anderen Missionsgebieten feststellten. Unter dem Eindruck dieses Geschehens entstand die Bewegung für praktisches Christentum, die sich unter bewußter Ausklammerung der trennenden Lehrfragen den praktischen Aufgaben zuwandte. Zugleich erkannte man aber, daß eine engere Zusammenarbeit der Kirchen oder gar eine Einheit nicht zustande kommen würde, wenn die Lehrfragen ausgeblendet blieben. Dies führte zur ersten Weltkonferenz für Glauben und Kirchenverfassung 1927. Im Rahmen dieser Bewegung wollte man gerade die kirchentrennenden theologischen Fragen einer eingehenden Erörterung unterziehen.

Zu Beginn dieses theologischen Prozesses (Lausanne 1927, Edinburgh 1937) verfährt man methodisch mit Hilfe einer „vergleichenden Ekklesiologie". Die verschiedenen Traditionen werden miteinander verglichen, um Gemeinsames zu entdecken, Differenzen zu entschärfen oder die trennenden Lehrpunkte genauer zu markieren. Die „Streitmasse eines Jahrtausends" sollte immer und immer wieder durchgearbeitet werden, „bis Punkt für Punkt abgehakt werden kann — kein Grund mehr zur Trennung"[1]).

Doch der bloße Vergleich der verschiedenen traditionellen Vorstellungen von dem, was christlicher Glaube und christliche Kirche ist oder sein soll, reichte auf die Dauer für das angestrebte Ziel der Zusammenarbeit oder Einheit nicht aus. Die Spaltungen waren durch bloßes Vergleichen nicht überwindbar, zu weitreichend war die Bedeutung anderer, sogenannter nicht-theologischer Faktoren. Der amerikanische Theologe H. Richard Niebuhr hatte exemplarisch die Wichtigkeit solcher Faktoren z. B. in seinem zuerst 1929 erschienenen, immer wieder neuaufgelegten Buch „The Social Sources of Denominationalism" dargelegt.

Nachdem die Bewegung für Glauben und Kirchenverfassung mit der Bewegung für praktisches Christentum 1948 in Amsterdam zum Ökumenischen Rat der Kirchen verschmolzen worden war, konzentrierte sich die Arbeit der Kommission für Glauben und Kirchenverfassung auf die Frage, ob sich die Kirchen nicht näherkommen könnten, indem sie Christus näherkommen. Dieser christologische Bezug von Lund 1952 wurde auf der Zweiten Vollversammlung des ÖRK in Evanston 1954 um den eschatologischen Aspekt, dann 1961 nach Aufnahme vieler orthodoxer Kirchen auf der Dritten Vollversammlung in Neu Delhi um den pneumatologischen Aspekt erweitert und schließlich mit den Konferenzen in Uppsala (1968) und Nairobi (1975) in den Kontext der Einheit der ganzen Menschheit gestellt.

Die Arbeit der Kommission ist eingebettet in den Verlauf dieser ökumenischen Bewegung insgesamt, sie hat aber auch ihre eigenständigen Beiträge zu dem ökumenischen Prozeß geliefert. Dazu gehört die Arbeit an den Themen, die in den Lima-Erklärungen behandelt werden. Diese

---

[1]) Ernst Lange: Die ökumenische Utopie oder Was bewegt die ökumenische Bewegung? Stuttgart 1972, 42.

Arbeit reicht bis in die Anfänge von Glauben und Kirchenverfassung zurück: Amt und Eucharistie waren immer auf der Tagesordnung. Das Thema Taufe war anfänglich nur am Rande behandelt, weil die in der protestantischen Tradition stehenden Kirchen und Kommissionsmitglieder die alte innerprotestantische Kontroverse Erwachsenentaufe/Säuglingstaufe für nicht überbrückbar hielten. Die Taufe als ein mögliches ökumenisches Band der Einheit wurde im Rahmen der ökumenischen Bewegung erst spät entdeckt[2]). Im einzelnen kann der Gang der Diskussion über die Themen der Lima-Erklärung anhand der folgenden Tabelle verfolgt werden:

1927 Lausanne. Erste Weltkonferenz der Bewegung für Glauben und Kirchenverfassung: „Das geistliche Amt in der Kirche"; „Die Sakramente".

1937 Edinburgh. Zweite Weltkonferenz: „Die Kirche Christi: Amt und Sakrament".

1952 Lund. Dritte Weltkonferenz: „Interkommunion".

1963 Montreal. Vierte Weltkonferenz: „Das Erlösungswerk Christi und das Amt seiner Kirche".

1967 Bristol. Sitzung der Kommission für Glauben und Kirchenverfassung: „Die heilige Eucharistie".

1971 Löwen. Kommissionssitzung: „Taufe, Konfirmation und Eucharistie"; „Ökumenische Übereinstimmung in der Taufe"; „Interkommunion oder Gemeinschaft?"; „Die Eucharistie im ökumenischen Denken"; „Das ordinierte Amt".

1974 Accra. Kommissionssitzung: „Eine Taufe, eine Eucharistie, ein Amt".

1978 Bangalore. Kommissionssitzung: Weiterarbeit an den Accra-Texten.

1979 Louisville/USA. Konsultation über Taufe.

1979 Genf. Konsulation über Bischofsamt.

1981 Annecy bei Genf. Bearbeitung der Texte.

1982 Lima. Verabschiedung der Texte als Konvergenzerklärungen.

---

[2]) Vgl. Nils Ehrenström: Mutual Recognition of Baptism in Interchurch Agreements, Faith and Order Paper 90, Genf 1978.

Die Übersicht[3]) verdeutlicht, daß mit der einmütigen Verabschiedung der Texte ein über 50jähriger Prozeß in der Tat zum vorläufigen Abschluß gekommen ist. Es wird verständlich, warum die Verabschiedung der Texte zu einem „kairos“ der ökumenischen Bewegung erklärt wurde (S. 6 des Vorwortes). Die Übersicht zeigt aber auch, daß die Lima-Erklärung die Anstöße von Uppsala und Nairobi nur wenig verarbeitet hat. Es ist eher die traditionell-dogmatische Sprache, die gesprochen wird. Der Bezug auf den Kontext — etwa: Einheit der Menschheit — fehlt fast gänzlich. Die Lima-Erklärungen sind in gewisser Weise eher der vergleichenden Methode aus den Anfängen der ökumenischen Bewegung verpflichtet. Man sollte jedoch im Auge behalten, daß die Texte das Ergebnis *einer* Kommission — eben der theologischen — des ÖRK sind. Gleichwohl ist die Frage, wie auch in den theologischen Stellungnahmen des ÖRK die Zusammengehörigkeit von theologischen Aussagen, missionarischem Zeugnis und diakonischem Dienst im Blick auf die Einheit der Kirche und die Überwindung der Trennungen besser zum Ausdruck gebracht werden können.

Noch eines ist zum Verständnis der Methode wichtig: Die Lima-Erklärung ist kein Abschluß. Sie ist zwar Abschluß eines Prozesses, zugleich aber wiederum nur ein Meilenstein in einem von der Kommission für Glauben und Kirchenverfassung entworfenen weitergehenden Projekt mit dem Thema „Auf dem Weg zu einem Aussprechen des apostolischen Glaubens heute“[4]). Als Fernziel ist und bleibt für den ÖRK die konziliare Gemeinschaft im Visier.

Die Lima-Erklärungen werden ausdrücklich als Konvergenz- und nicht als Konsens-Texte bezeichnet. Ein voller Konsens ist nicht erreicht; er kann erst verkündet werden, „wenn die Kirchen soweit gekommen sind, daß sie in Einheit gemeinsam leben und handeln“ (S. 5 des Vorwortes). Dies würde aber einen Konsens in allen, nicht nur den hier behandelten Fragen voraussetzen, weshalb insbesondere

---

[3]) Weitere Einzelheiten entnehme man den Faith and Order Papers und den Beiheften zur ÖR.

[4]) Vgl. Ulrich Kühn: „Faith and Order“ vor der Herausforderung Lateinamerikas, MdKI 33, 1982, 23ff; vgl. Lima-Erklärung, Vorwort S. 7.

die Orthodoxie sich dem Begriff Konsens widersetzte. Konvergenz ist ein — notwendiger — Schritt vor dem Konsens. Die Konvergenzerklärungen sind also Versuche, die sich aufeinander zu bewegenden Linien zu erkennen und begrifflich zu artikulieren. Dies hat die Kommission im Auftrag der Kirchen getan. Sie hat keine „vollständige theologische Abhandlung" über die drei Themenbereiche erarbeiten wollen, sondern sich absichtlich auf diejenigen Aspekte konzentriert, die sich auf eine mögliche gegenseitige Anerkennung der Kirchen beziehen.

Die Kommission für Glauben und Kirchenverfassung repräsentiert mehr Kirchen als im ÖRK zusammengeschlossen sind. Weil „Glauben und Kirchenverfassung" einstmals eine eigenständige Bewegung war, hat die Kommission nach ihrer Satzung auch die Möglichkeit, solche Kirchen zur Mitarbeit zuzulassen, die nicht im ÖRK vertreten sind. Daher arbeiten z. B. seit 1968 zwölf römisch-katholische Theologen mit, und auch die „Southern Baptist Convention", in deren Seminar in Louisville die Konsultation über die Taufe stattfand, ist vertreten. Die Vorbehalte, die manche Kirchen und Kirchenvertreter gegen den Gesamtkurs des ÖRK haben, dürften bei der Beurteilung der Arbeit der Kommission keine große Rolle spielen.

Weil die Vielfalt der vertretenen Kirchen so groß ist, kann es auch nicht verwundern, daß die Ergebnisse bilateraler Gespräche für den Entwurf der Lima-Erklärungen eine Rolle gespielt haben. Einzelheiten aufzuzeigen, würde hier zu weit gehen; in den Kommentaren zu den einzelnen Abschnitten der Lima-Erklärungen wird gelegentlich darauf verwiesen. Hier kann es nur darum gehen, die Wichtigkeit des Ineinandergreifens von bilateralen Dialogen und dem multilateralen Dialog im Rahmen der Kommission für Glauben und Kirchenverfassung zu betonen. Weil die römisch-katholische Kirche wie keine andere den bilateralen Dialog pflegt, kommt ihrer Mitarbeit in der Kommission für Glauben und Kirchenverfassung eine besondere Bedeutung zu.

Man muß sich allerdings auch klar darüber sein, daß es keine direkten Auswirkungen der Lima-Erklärung etwa auf das evangelisch/katholische Gespräch in Deutschland geben wird. Ob die römisch-katholische Kirche einen offiziellen Rezeptionsprozeß einleiten wird — sei es durch das Einheitssekretariat, sei es durch die Glaubenskongregation —, ist ungewiß. Welchen Grad von Verbindlichkeit die Texte für die römisch-katholische Kirche einnehmen werden, läßt sich gegenwärtig deshalb noch nicht absehen. Vergegenwärtigt man sich aber, daß die anglikanisch/römisch-katholische internationale Kommission (ARCIC) in ihren Dialogergebnissen einen weitaus größeren „Konsens" erreichen konnte als die Lima-Erklärungen und daß gleichwohl die römische Glaubenskongregation aus eben diesen Gründen den ARCIC-Bericht äußerst restriktiv beurteilte[5]), so ist Nüchternheit angebracht: Die Lima-Erklärungen werden dem evangelisch/katholischen Gespräch nur indirekt helfen, weil die Probleme und Fragestellungen im multilateralen Dialog in neuem Licht erscheinen. Die Mitarbeit orthodoxer Theologen kann deshalb ebenso traditionelle evangelisch/katholische Kontroversen aufbrechen wie z. B. die Teilnahme von Theologen etwa aus Ländern der Dritten Welt neue Perspektiven eröffnet.

Die bilateralen Gespräche sind Gespräche im Rahmen und in der Verantwortung einer Kommission. Wie die Kirchen die Ergebnisse bilateraler Dialoge umsetzen, ist noch eine offene Frage. Die Lima-Erklärung verlangt aber eine offizielle kirchliche Antwort. Schon die Accra-Texte waren den Kirchen mit der Bitte um Stellungnahme zugeleitet worden. Über hundert Kirchen aus allen Teilen der Welt haben ausführliche Antworten zugesandt, die es auszuwerten und einzuarbeiten galt. Vor Verabschiedung der Konvergenzerklärungen sind dann noch einmal über hundert Änderungswünsche diskutiert worden, bevor der Text in seiner jetzigen Form die Zustimmung aller Kommissionsmitglieder fand. Daß er einen hohen Grad an Reife erlangt hat, kann deshalb nicht ernstlich bestritten werden. Die Mitglieder der Kommission für Glauben und Kirchen-

---

[5]) Vgl. Erich Geldbach: Rom-Canterbury: Zwischenergebnis, MdKI 33, 1982, 94ff. — Der Text der Erklärung der vatikanischen Glaubenskongregation zum anglikanisch/römisch-katholischen Dialog ist abgedruckt in MdKI 33, 1982, 76-79.

verfassung sind deshalb der Meinung, daß sie nicht weiter über die behandelten Themen reden können, sondern daß jetzt die Kirchen einen Rezeptionsprozeß in Gang setzen müssen.

Die ÖRK bittet die Kirchen,

- „dem Volk Gottes bei dem geistlichen Prozeß der Rezeption dieses Textes auf allen Ebenen des kirchlichen Lebens die größtmögliche Beteiligung zu ermöglichen" und
- „um eine offizielle Stellungnahme zu diesem Text auf der höchsten hierfür zuständigen Ebene der Autorität, sei es nun ein Rat, eine Synode, eine Konferenz, eine Vollversammlung oder ein anderes Gremium" (Vorwort 6f).

Beide Wünsche stellen die evangelischen Kirchen vor eine schwierige Aufgabe. Denn es besteht weder beim Großteil der Gemeindeglieder eine Neigung, sich über Taufe, Abendmahl und Amt viele Gedanken zu machen noch können angesichts des Pluralismus in den evangelischen Kirchen rasch einmütige Antworten seitens der kirchlichen Autoritäten (= Kirchenvorstände, Kreis- und Landessynoden usw.) gefunden werden. Die ökumenischen Interessen der evangelischen Konfessionsgruppen (lutherisch, reformiert, uniert und freikirchlich) können unterschiedlich in Erscheinung treten, und faktisch kommt der evangelische Glaube in den geltenden Lehren und Ordnungen der Kirchen, bei den Deutungen der Theologen und bei den Gemeindegliedern recht unterschiedlich zum Ausdruck. Es gibt ökumenisch vorwärts drängende und zurückhaltend bremsende Interessen, und bisweilen haben die ökumenisch ‚Progressiven' und die ‚Konservativen' mit den entsprechenden Gruppierungen in der anderen Konfession mehr Gemeinsamkeiten als untereinander in der eigenen Kirche. Die Folge ist, daß ökumenische Texte häufig nur von den Ökumenikern in den Kirchen ernst genommen werden — und somit für die Kirchen insgesamt unfruchtbar bleiben. Viele ökumenisch engagierte Gemeindeglieder verzichten auf eine Beschäftigung mit ökumenischen Texten und praktizieren ökumenische Gemeinschaft im Gottesdienst und beim Abendmahl ohne jedes Wenn und Aber. Sie interessieren sich weder für die subtilen theologischen Differenzierungen und Kontroversen noch kümmert sie die offizielle Auffassung der kirchlichen Institution.

Die Lima-Erklärungen bieten Gelegenheit, die Schallmauer der Belanglosigkeit ökumenischer Texte zu durchbrechen und auch die ökumenischen Erfahrungen der letzten Jahrzehnte gesamtkirchlich fruchtbar zu machen.

Methodisch sind zwei Ebenen zu unterscheiden:

- Einmal der Eintritt in eine Bewegung der Konvergenz; hier wird die eigene Tradition von Taufe, Abendmahl und Amt im ökumenischen Kontext kritisch bedacht.
- Zum andern geht es um „Rezeption dieses Textes", d. h. es muß geprüft werden — „auf allen Ebenen kirchlichen Lebens"! — was übernommen, respektiert oder abgelehnt werden soll; es müssen Rückfragen gestellt werden, wenn der Verdacht auftaucht, die Konvergenz beruhe nur auf einer verbalen Kompromißformel; Zusatzfragen sind nötig, wenn Probleme ausgeblendet sind, etwa bei der Frage des Meßopfers oder des Papstprimats.

Kritische theologische Stellungnahmen sind nicht unökumenisch; was der Klarheit und Wahrheit dient, ist nie unökumenisch. Wo Konflikte in einem Klima bloßer ökumenischer Freundlichkeiten vernebelt oder verschwiegen werden, da ist keine Einheit, sondern nur eine brüchige Gemeinschaft.

Die Lima-Erklärung ist also keine ökumenische Minimaldogmatik, auf welche die Kirchen sich gegenseitig festlegen könnten. Vielmehr soll durch sie in unseren Kirchen etwas in Bewegung geraten. Wenn auch angesichts der kirchlichen Größenverhältnisse in Deutschland das evangelisch/katholische Gespräch im Vordergrund steht, muß doch bei der Lima-Erklärung bedacht werden, daß nun auch intensiv das Gespräch mit den orthodoxen Kirchen, den Freikirchen und der altkatholischen Kirche gesucht wird. Eine äußerst positive Form von Rezeption könnte darin bestehen, die lutherisch/reformierte Leuenberger Konkordie fortzuschreiben zu einer Erklärung über lutherisch/reformierte/freikirchliche Kirchengemeinschaft.

TAUFE

Erich Geldbach

In einem ersten Teil sollen zunächst einige Bemerkungen zu der die Taufe betreffenden Konvergenzerklärung gemacht werden. Dabei wird fortlaufend am Text entlanggegangen, so daß die Nummern den fortlaufenden Abschnitten der Erklärung entsprechen. In einem zweiten Teil werden dann einige übergeordnete Probleme angeschnitten und in einem dritten Teil Fragen für ein Gespräch formuliert.

Erläuternde Bemerkungen

Die Erklärung über die Taufe[1]) gliedert sich in fünf Abschnitte. I. Einsetzung der Taufe, II. Bedeutung der Taufe, III. Taufe und Glaube, IV. Taufpraxis, V. Feier der Taufe.

I. Einsetzung der Taufe

Nr. 1: Die Frage nach Einsetzung der Taufe ist in dem Absatz dahingehend beantwortet, daß auf die neutestamentliche und kirchenväterliche Tradition zurückgegriffen und mit Recht die universale Übung der Taufe hervorgehoben wird. In der Tat läßt sich kaum eine tauflose Zeit der Kirche feststellen. Daß die Einsetzung der Taufe auf Gemeindetradition beruht, ist auch durch den Hinweis auf

[1]) Zum Taufproblem der Lima-Erklärung vgl. Lewis S. Mudge: Convergence on Baptism, und Günter Wagner: Baptism from Accra to Lima, in Max Thurian (Hg.): Ökumenische Perspektiven von Taufe, Eucharistie und Amt [englische und deutsche Ausgabe in Vorbereitung].

Mt 28,18-20 unterstrichen, weil in dieser Stelle der Auftrag des Auferstandenen schwerlich als „historische" Einsetzung, sondern als Bericht des Evangelisten zu verstehen ist[2]). Wenn also die Gemeindetradition maßgeblich für die Einsetzung ist, so ist verständlich, warum die Lima-Erklärung nicht nur auf das Neue Testament, sondern auch auf die Kirchenväter zurückgreift.

Damit weicht die Lima-Erklärung erheblich vom Accra-Text ab, der noch sagte, daß die Sakramente von Jesus Christus eingesetzt worden sind. Dieser als „historisch" verstehbaren Aussage korrespondierte die Feststellung, daß die Sakramente „Christi Gaben an seine Kirche" seien (Nr. 5). Die Lima-Erklärung bezeichnet die Taufe als Gabe Gottes, die allerdings nur im christologischen Bezug gesehen und als „Eingliederung in Christus" bzw. als „Aufnahme in den neuen Bund" verstanden wird. Ob derartige Aussagen etwas mit der „Einsetzung der Taufe" zu tun haben, muß man fragen. Sie wirken im Zusammenhang dieses Abschnittes ebenso wie der Hinweis auf den trinitarischen Vollzug eher eingetragen als richtig plaziert, handelt es sich doch um Aussagen, die in den folgenden Abschnitten angebracht sind und dort auch wiederholt werden (z. B. Taufe als Gabe Gottes Nr. 8, der Vollzug Nr. 17). Das Gleiche gilt auch für den Satz, der diesen Abschnitt abschließt und die Tauftradition vom Neuen Testament und den Kirchenvätern bis in die Gegenwart auszieht. Hier wird die Taufe als „Ritus der Hingabe an den Herrn" bezeichnet. Man hätte gern gewußt, was unter einem Ritus der Hingabe zu verstehen ist und weshalb dies etwas mit der Einsetzung der Taufe zu tun hat. Es ist unverkennbar, daß in diesem Abschnitt einige Wendungen stehen, die eigentlich dort nicht hingehören. Vielleicht geschah dies, weil man sich gescheut hat, von der Einsetzung der Taufe zu *theo*logisch reden zu wollen. Sachlich ist diese Kritik jedoch unwesentlich, weil die inhaltliche Entfaltung in späteren Abschnitten erfolgt.

---

[2]) Anders sieht es George R. Beasley-Murray: Die christliche Taufe, Kassel 1968, 109ff.

Nr. 2: Die Bedeutung der Taufe[3]) wird zunächst darin gesehen, daß die Taufe das Zeichen neuen Lebens durch Christus sowie das Einigungsband mit Christus und seinem Volk ist. Diese Wirklichkeit wird im Neuen Testament und in der Liturgie der Kirche in *vielen* Bildern entfaltet, die indes alle auf die *eine* Wirklichkeit abzielen. Wiederum ist auffallend, daß neben dem Neuen Testament auch die Liturgie der Kirche als Maßstab für eine Beschreibung der Bedeutung der Taufe herangezogen wird, wenngleich hinzugefügt werden muß, daß der Bezug auf die Liturgie zur Entfaltung der Bedeutung der Taufe im Text nicht selbständig abgehandelt wird. Dies bedeutet, daß der Hinweis auf die Liturgie auch hätte wegfallen können, weil die liturgischen Stücke unmittelbar die Schrift als Quelle haben. Dies bedeutet aber auch, daß die Taufliturgie ernstgenommen wird (Nr. 17ff) und daß sie, der Vielfalt der Bilder entsprechend, nicht monoton sein kann. Schon hier zeichnet sich ab, daß Taufe als liturgische Handlung in aller Regel nur in und mit der Gemeinde geschehen soll (Nr. 12, 23).

Da die Taufe als Einheitsband das Volk Christi untereinander verbindet, hebt sie die trennenden Mauern zwischen den Menschen nach Geschlecht, Rasse und sozialem Stand auf. Allerdings ist später in einem Kommentar (nach Nr. 6) darauf verwiesen, daß die Kirchen diese Taufwirklichkeit an manchen Orten und zu manchen Zeiten nicht gelebt haben. Man hat es eben doch zugelassen, daß diese Unterschiede den Leib Christi gespalten haben und noch spalten. Dadurch wird die durch die Taufe gegebene Einheit infrage gestellt und das Zeugnis der Kirche beeinträchtigt. Daß diese Aussage richtig ist, kann ernsthaft nicht bestritten werden, wenn man sich aus der Geschichte der Kirche und der gegenwärtigen Praxis etwa die Rassendiskriminierung, die Zustimmung zur Apartheitspolitik, die Frauenfrage, die nach sozialer Stellung vorgenommene

---

[3]) Vgl. Hans-Georg Link: Eine bisher nicht erreichte Fülle. Taufe, Eucharistie und Amt in ökumenischer Perspektive, LuMo 21, 1982, bes. 324f.

Sitzordnung im Gottesdienst oder ähnliche Beispiele vor Augen führt. Die Einheit der Getauften bedeutet gewiß nicht Einerleiheit, aber eben auch nicht Segregation nach Hautfarbe oder Geldbeutel.

Die in Nr. 2 aufgeführten Bilder werden dann im einzelnen entfaltet. Dabei handelt es sich um A) Teilhabe an Tod und Auferstehung Christi, B) Bekehrung, Vergebung, Waschung, C) Gabe des Geistes, D) Eingliederung in den Leib Christi und E) Zeichen des Gottesreiches.

A)

Nr. 3: Gegenüber dem Accra-Papier erfolgt jetzt insofern eine Erweiterung, als die Taufe nicht nur Teilhabe an Tod und Auferstehung, sondern auch am Leben Jesu Christi bedeutet. Deshalb kann an die Jordantaufe angeknüpft werden. Hier macht sich die orthodoxe Anschauung geltend, die Jesu Taufe „Erleuchtung" (photismos) nennt, an der der Täufling, der das Photizominat durchlaufen hat, Anteil gewinnt[4]). Die Lima-Erklärung sieht in der Jordantaufe den Schritt Jesu in die Solidarität mit den Sündern und den Beginn seines Weges als leidender Gottesknecht. Teilhabe am Leben Jesu muß deshalb für den Täufling auch Teilhabe am Leiden Jesu einschließen können. Die Taufe als Begräbnis des alten Adam führt die Getauften aus der Sklaverei der Sünde in die Freiheit des neuen Lebens in der Macht der Auferstehung Jesu Christi. Die Taufe wird also an den Tod Jesu Christi rückgekoppelt. Sie gibt aber auch Anteil an einem neuen Leben in der Gegenwart und eröffnet den Ausblick auf die eigene Auferstehung.

Jedenfalls ist es wichtig, daß die Bedeutung der Taufe grundlegend an christologischen Aussagen festgemacht wird.

B)

Nr. 4: Die Taufe — so die Lima-Erklärung — schließt Sündenbekenntnis und Bekehrung des Herzens ein. Sie wäscht den Körper mit reinem Wasser und unterstreicht

---

[4]) Wilhelm Nyssen: Kommet und empfanget das Licht, IKZ 11, 1982, 409f.

so, daß die Reingewaschenen und Geheiligten eine neue ethische Orientierung erhalten. Der soteriologische Aspekt führt sofort zu ethischen Aussagen. Hier wird an den vorigen Abschnitt angeknüpft, wo ja bereits der Hinweis auf das neue Leben enthalten ist; es wird aber auch betont, daß das Neue nicht in das menschliche Ermessen gestellt ist, sondern unter Führung des Heiligen Geistes geschieht. Damit ist der Übergang zum pneumatologischen Aspekt des Taufgeschehens im nächsten Abschnitt gegeben.

C)

Nr. 5: Das neue Leben geschieht unter Leitung des Heiligen Geistes, der „vor, bei und nach" der Taufe am Werk ist und der sowohl als der offenbarende Geist wie als der Pfingstgeist (Mk 1,10f; Apg 2) das Angeld der endgültigen Erlösung ist. Es fällt auf, daß nachdrücklich vermieden wird, die Gabe des Geistes mit dem Taufakt in eins fallen zu lassen. Beides ist eng aufeinander bezogen, aber nicht identisch. Ohne den Geist ist jedoch die Taufe nicht vorstellbar, doch wirkt der Geist nicht erst beim Taufvollzug oder danach als Garant des neuen Lebens; er wirkt auch schon vor der Taufe. Dies kann nur bedeuten, daß der Geist es ist, der den Täufling bereits vor der Taufe beruft.

D)

Nr. 6: Der ekklesiologische Aspekt der Taufe wird dahingehend entfaltet, daß die Taufe in die Gemeinschaft mit Christus, miteinander und mit der Kirche aller Zeiten und Orte führt. Sie ist also das grundlegende „Band der Einheit". Die durch die Taufe gegebene Verbindung mit Christus hat wichtige Konsequenzen für die Einheit der Christen. Es folgt ein Satz, in dem auf die vier klassischen Kirchenattribute „una, sancta, catholica, apostolica"[5]) Bezug genommen wird: „Wenn die Einheit der Taufe in einer, heiligen, katholischen und apostolischen Kirche rea-

[5]) Die vier Kirchenattribute werden nochmals in Nr. 21 Kommentar Abschnitt a) herangezogen, um die Universalität der Kirche über alle Nationen der Erde zu verdeutlichen. Zu den Attributen vgl. jetzt Peter Steinacker: Die Kennzeichen der Kirche, Berlin 1981.

lisiert wird, kann ein echtes christliches Zeugnis abgelegt werden für die ... Liebe Gottes." Das „wenn" ist nicht konditional, sondern temporal. Vorausgesetzt ist demnach, daß eine Realisierung der Taufeinheit noch nicht vorgenommen ist. Man hätte gern näheres darüber gewußt, was unter realisieren zu verstehen ist. Es läßt sich aber erschließen, was gemeint sein könnte, so aus dem Satz, daß die Taufe ein Ruf an die Kirchen ist, ihre Trennungen zu überwinden und ihre Gemeinschaft sichtbar zu manifestieren. Daß gegenseitige Anerkennung der Taufe nicht ausreichend ist, macht der anschließende Kommentar deutlich. Solange in Wirklichkeit die Taufe nicht das grundlegende Band der Einheit ist, solange ist das christliche Zeugnis nicht echt. Die Taufe verweist auf die Einheit der Getauften und damit der Kirchen um des Zeugnisses der versöhnenden Liebe Gottes willen. Daher wird die zentrale ökumenische Aufgabe als die Wiedergewinnung der in der Taufe begründeten Einheit definiert.

E)

Nr. 7: Die Taufe ist im Heiligen Geist bereits die Vorwegnahme des zukünftigen Reiches Gottes. Sie gibt Anteil an der eschatologischen Vollendung, die bereits durch den Taufvollzug beginnt und ihre Dynamik auf das ganze Leben erstreckt, ja alle Völker erreichen will. Als „Zeichen des Gottesreiches" hat die Taufe ethische Implikationen, wie Nr. 4 bereits ausführte und in Nr. 10 besonders unterstrichen wird.

Gegenüber dem Accra-Text ist die Lima-Erklärung zur Bedeutung der Taufe wesentlich erweitert[6]). Nr. 2, 4 und 7 haben keine Parallelen im Accra-Papier. Während in Accra das Problemfeld von Taufe und Glaube noch unter der „Bedeutung" abgehandelt wurde, bietet die Lima-Erklärung dazu drei eigene Abschnitte, wobei Nr. 7 des Accra-Textes, das früher unter „Implikationen der Taufe" zu finden war, jetzt in dem Abschnitt über „Taufe und Glauben" auftaucht.

---

[6]) Wagner: aaO. (Anm. 1) hat eine Synopse des Accra-Textes und der Lima-Erklärung erstellt.

III. Taufe und Glauben

Nr. 8: Die Taufe wird als Gabe Gottes und als menschliche Antwort auf diese Gabe bezeichnet. Mit dieser Aussage werden zwei Möglichkeiten miteinander verbunden, die vielfach als ausschließliche Gegensätze angesehen wurden[7]). So ist die Begründung der Säuglingstaufe mit Hilfe der „vorlaufenden Gnade Gottes" dazu angetan, den Akzent ausschließlich auf die Taufe als Gabe Gottes zu legen. Umgekehrt haben Befürworter der Erwachsenentaufe oft den Antwortcharakter — die Taufe etwa als Bekenntnisakt — einseitig betont. Die Lima-Erklärung verbindet beides und hält fest, daß für den Empfang des in der Taufe verkörperten Heils die Notwendigkeit des Glaubens von allen Kirchen anerkannt wird. Dabei ist vorausgesetzt, daß der Glaube eine Gabe Gottes ist. Es kann deshalb von einer „persönlichen Verpflichtung für eine verantwortliche Gliedschaft am Leib Christi" gesprochen werden. Läßt die Aussage von der „Notwendigkeit des Glaubens" die Möglichkeit offen, daß hier vom Glauben der Kirche und nicht vom Glauben des Täuflings die Rede ist, so wird man als Adressaten der „persönlichen Verpflichtung zu verantwortlicher Gliedschaft" nur den Täufling sehen können, was ausschließt, daß hierbei an einen Säugling gedacht ist. Eine solche Aussagen kann nur auf Personen bezogen sein, die in die Verantwortung eintreten. Eine „unverantwortliche" Gliedschaft am Leib Christi ist unsinnig. Es wird hier wohl auf Nr. 4 Bezug genommen, wo davon gesprochen wurde, daß die Taufe „Sündenbekenntnis und Bekehrung des Herzens" impliziert.

Nr. 9: Dieser Abschnitt schärft ein, daß die Taufe keine augenblickliche Erfahrung ist. Wie schon der eschatologische Bezug (Nr. 7) deutlich gemacht hat, weist sie weit über den Augenblick der Taufhandlung hinaus und bezieht das ganze Leben des Getauften im Horizont der

---

[7]) Edmund Schlink: Die Lehre von der Taufe, Kassel 1969, 140. Hinweis bei Wagner.

Hoffnung auf die neue Schöpfung Gottes mit ein. Die Taufe ist deshalb auf einen lebenslangen Prozeß des Hineinwachsens in Christus bezogen, was ständiges Ringen und ständige Erfahrung der Gnade einschließt. Auch hier wird unterstrichen, daß Taufe und Ethik eng aufeinander bezogen sind, weil der Getaufte nicht nur um Christus und seiner Kirche willen, sondern auch um der Welt willen lebt.

Nr. 10: Der ethische Bezug wird in diesem Absatz ganz stark hervorgehoben. Die im Glauben wachsenden Getauften legen Zeugnis ab, daß Christus der „Befreier aller Menschen" ist. Das Zeugnis geschieht im Kontext von Kirche und Welt: Der gemeinsame Dienst hebt die „volle Bedeutung der einen Taufe als der Gabe Gottes für sein ganzes Volk" hervor. Im Vollzug des gemeinsamen Zeugnisses also wird die Bedeutung der Taufe erkannt. Wenn von der „vollen" Bedeutung gesprochen wird, so stutzt man zunächst; gemeint ist aber doch wohl, daß die Taufe nicht in eine partikulare Konfessionskirche eingliedert, sondern dem ganzen Gottesvolk gilt. Dieser „vollen" Bedeutung ist man sich bisher zu wenig bewußt, weil zu partiell mit der Taufe umgegangen und über die Taufe gedacht wurde. Der Weltbezug der Taufe hilft hier als Korrektiv. So ist die „neue ethische Orientierung" (Nr. 4), die ein Teil der Tauferfahrung ist, eine Hilfe für die Erkenntnis der Einheit des Gottesvolkes, *indem* sich die Getauften „um die Verwirklichung des Willens Gottes in allen Bereichen des Lebens" bemühen. Die ethischen Folgen der Taufe sollen nicht nur in der persönlichen Heiligung, sondern in allen Bereichen des Lebens deutlich werden.

IV. Taufpraxis

Der Abschnitt „Taufpraxis" umfaßt sechs Abschnitte (Nr. 11 bis Nr. 16), die ihrerseits in drei Unterabschnitte gegliedert sind: A) Die Taufe von Glaubenden und die Taufe von Kindern (Säuglingen), B) Taufe — Salbung — Konfirmation, C) Auf dem Weg zur gegenseitigen Anerkennung der Taufe. In diesem Abschnitt sind z. T. recht ausführliche Kommentare eingestreut, die darauf hinweisen, daß es sich bei den angesprochenen Fragen um besonders umstrittene Problembereiche handelt.

A)

Nr. 11: Es wird anerkannt, daß die Taufe nach einem persönlichen Glaubensbekenntnis die im Neuen Testament am eindeutigsten belegte Praxis ist, selbst wenn die Möglichkeit der Kindertaufe nicht ausgeschlossen werden kann[8]. Zwar wird gesagt, daß die Taufpraxis sich „in verschiedenen Formen" entwickelt hat, tatsächlich werden aber nur zwei Formen, nämlich die Säuglingstaufe und die Taufe von Glaubenden angeführt[9]. Im ersten Fall wird der Säugling von Eltern oder Erziehungsberechtigten gebracht, die bereit sind, ihre Kinder „in und mit der Kirche" im christlichen Glauben zu erziehen. Im anderen Fall geht das persönliche Glaubensbekenntnis der Taufe voraus. Eine dritte Taufform, die aber nur als Spezialfall der Glaubenstaufe gelten kann, wird von allen Kirchen praktiziert, die Taufe von Glaubenden, die „aus anderen Religionen oder aus dem Unglauben kommen".

Nr. 12: Die Gläubigen- und Säuglingstaufe, so könnte es scheinen, sind so verschieden, daß man in beiden Formen nicht mehr die eine christliche Taufe, sondern tatsächlich zwei Taufen vor sich hat[10]. Bei der Frage nach der Säuglings- oder Gläubigentaufe handelt es sich um eine klassische innerprotestantische Kontroverse, die indes, folgt man den Überschriften der Lima-Erklärung, nicht mehr das „Wesen" der Taufe, sondern lediglich ihre „Praxis" betrifft.

---

[8]) Für den letzteren Fall kann man lediglich die sog. oikos-Stellen als Belege heranziehen, wobei vorauszusetzen ist, daß nicht nur Kinder, sondern auch Säuglinge zum Haus gehörten.

[9]) Weiter unten wird dargelegt, daß der Text tatsächlich von zwei Säuglingstaufen ausgeht, vgl. unten S. 38ff.

[10]) Beasley-Murray: Gesichtspunkte zum Taufgespräch heute, Kassel 1965, 81: „Wir haben nicht eine Taufe. Wir haben zwei Taufen, die eine für Kinder und die andere für Menschen, die ihren Glauben bekennen."

Die Lima-Erklärung versucht, mehrere Überbrückungen des Gegensatzes vorzunehmen:

- Beide Taufformen finden in der Kirche als der Glaubensgemeinschaft statt.
- Sowohl der Erwachsene wie der Säugling werden nach der Taufe im Glauben wachsen müssen, wobei es im einen Fall um die Vertiefung des Glaubens geht, im anderen Fall um eine Erziehung, die auf das Ablegen des persönlichen Bekenntnisses gerichtet ist.
- Beide Taufformen gründen in der Treue Christi bis zum Tod und weisen „auf die Treue Gottes als dem Grund allen Lebens im Glauben" hin.
- Bei jeder Taufe bekräftigt die ganze Gemeinde neu ihren Glauben und ihre Verpflichtung zum Dienst.

In dem Kommentar wird das Verbindende noch deutlicher zum Ausdruck gebracht. Beide Taufformen verkörpern nämlich Gottes Initiative und sind Antwort des Glaubens innerhalb der Gemeinschaft der Glaubenden. Beide Initiationsformen erfordern eine nach vorn offene, d. h. nie abgeschlossene christliche Unterweisung. In einigen Kirchen werden beide Taufarten als gleichberechtigte Alternativen für den Eintritt in die Kirche betrachtet. Diese Erfahrungen könnten alle Kirchen veranlassen, „in ihren wechselseitigen Beziehungen und in kirchlichen Unionsgesprächen gleichberechtigt Alternativen" anzuerkennen.

Nr. 13: Die Taufe ist eine nicht wiederholbare Handlung, weshalb jede Praxis einer „Wieder-Taufe" zu vermeiden ist.

Im Kommentar wird diese Aussage wie folgt erläutert: „In dem Maße wie[11]) die Kirchen zu volleren gegenseitigem Verstehen und Annehmen kommen und in engere Beziehungen in Zeugnis und Dienst treten, werden sie sich jeglicher Praktiken enthalten wollen, die die sakramentale Integrität der anderen Kirchen infrage stellen oder die

[11]) So wäre das englische Wort „as" besser zu übersetzen als das strenge konditionale „wenn" im deutschen Text: „wenn ... dann".

Unwiederholbarkeit des Taufsakraments beeinträchtigen könnten." Vorausgesetzt ist, daß das volle gegenseitige Verstehen noch nicht gegeben und die engen Beziehungen in Zeugnis und Dienst noch nicht hergestellt sind (vgl. oben Nr. 6 und Kommentar). Ein Prozeß ist jedoch eingeleitet, von dem erwartet wird, daß am Ende die sakramentale Integrität und die Nicht-Wiederholbarkeit der Taufe von allen Kirchen gegenseitig respektiert wird.

B)

Nr. 14: Es wird davon ausgegangen, daß das Ostergeheimnis mit der Pfingstgabe eng verknüpft ist. Durch die Taufe erhält der Täufling Anteil an Christi Tod und Auferstehung (Nr. 3) und am Geist (Nr. 5). Deshalb „bezeichnet und bewirkt" die Taufe „in ihrer vollen Bedeutung" sowohl die Teilhabe am Pascha-Geheimnis wie den Empfang des Geistes. Daß nur in dieser Umklammerung von der „vollen" Bedeutung der Taufe gesprochen wird, deutet darauf hin, daß diese volle Bedeutung nicht von allen Kirchen erkannt wird.

Umstritten ist insbesondere „worin das Zeichen der Gabe des Geistes sich ausdrückt". Für die einen — so wird erläutert — ist es der Wasserritus selbst, für andere die Salbung und/oder die Handauflegung, für andere alle drei Handlungen. Übereinstimmung herrscht aber darin, daß die Taufe „im Wasser und Heiligen Geist" vollzogen wird. Der deutsche Text übersetzt „mit Wasser und durch den Heiligen Geist". Tatsächlich schleicht sich in die Übersetzung das Vorverständnis des bei uns gebräuchlichen Ritus „mit" Wasser ein, d. h. das Übergießen des Säuglings mit (wenig) Wasser. Die Lima-Erklärung spricht aber davon, daß die Taufe „im" Wasser vollzogen wird, weil man davon ausgeht, daß „der Akt des Untertauchens" die Realität der Teilhabe an Tod und Auferstehung lebendig zum Ausdruck bringen kann (Nr. 18).

Die Gegenwart des Heiligen Geistes bei der Taufe ist im Text nicht nur instrumental („durch") gedacht, sondern umfassender, weil ja „im" Heiligen Geist getauft wird. Allerdings ergeben sich dabei insofern Schwierigkeiten, als bestimmte christliche Traditionen, worauf der Kommentar im Abschnitt a) verweist, eine besondere Handlung, die

Salbung, haben, wodurch die Gabe des Pfingstgeistes empfangen wird. Man kann auf folgendes hinweisen: Geschieht diese Salbung unmittelbar vor der Taufe (Syrer, Nestorianer) oder sofort danach (Orthodoxie), dann ist der Zusammenhang mit dem Taufakt gewahrt. Ist allerdings, wie in der römisch-katholischen Tradition, die Gabe des Geistes an ein besonderes Sakrament (Firmung) geknüpft, das erst nach langem, zeitlichem Abstand zur Taufe gespendet wird und die Taufe erst „vollendet"[12]), dann erhebt sich die Frage, ob wirklich die Taufe „im Heiligen Geist" geschieht.

Im Kommentar nach Nr. 14 wird unter Abschnitt b) noch auf einen weiteren strittigen Punkt aufmerksam gemacht. Wenn nämlich die Taufe in den Leib Christi einverleibt und so aufgrund ihres Wesens auf die eucharistische Teilhabe an Leib und Blut Christi verweist, dann wird man diesen Zusammenhang von Taufe und Abendmahl[13]) nicht durch einen besonderen Ritus, der erst die Zulassung zum Mahl bedingt, zerreißen dürfen. Die Kirchen, die Kinder taufen, ihnen aber die Zulassung zum Abendmahl vor einem besonderen Ritus wie der Konfir-

---

[12]) Joseph Ratzinger: Wähle das Leben. Eine Firmhomilie, IKZ 11, 1982, 444: „So wird in der Firmung fortgeführt, was in der Taufe begonnen war. Sie ist Taufvollendung."

[13]) Den Zusammenhang von Taufe und Abendmahl legt der Accra-Text dar (Nr. 6): „Zwischen unserer Theologie und Praxis der Taufe und unserer Theologie und Praxis des Abendmahls besteht eine notwendige Beziehung. Wir müssen neu lernen, was die Taufe für unsere Teilhabe an der Eucharistie bedeutet. Unser Versagen, uns gemeinsam am Tisch des Herrn zu versammeln, als ein sichtbarer und geeinter Leib zu leben und zu handeln, erscheint vielen als ein Widerspruch zur Gabe der Taufe, die wir alle zu besitzen behaupten. Ein Weg, diesen Widerspruch zu überwinden, ist das Ernstnehmen der Tatsache, daß wir durch die Taufe ein Volk sind, das dem einen Herrn an jedem Ort dient; denn die Taufe, die einmal vollzogen und niemals wiederholt wird, führt uns in das dauernde gottesdienstliche Leben des ‚königlichen Priestertums' (1. Petr 2,9), des Volkes Gottes. In der Heiligen Eucharistie oder im Abendmahl, das ständig wiederholt wird und immer beides, Wort und Sakrament, einschließt, verkündigen und feiern wir das Gedächtnis der rettenden Tat Gottes." In Geiko Müller-Fahrenholz (Hg.): Accra 1974, ÖR.B Nr. 27, 1975, 95f.

mation nicht gestatten, werden vorsichtig gefragt, ob sie „die Konsequenzen der Taufe voll anerkannt und akzeptiert haben".

C)

Nr. 15: „Zunehmend" erkennen Kirchen die Taufe anderer als die eine Taufe an. Hier wird offensichtlich auf Erfahrungen im Prozeß des Anerkennens verwiesen. Deshalb sind die Kirchen, wie es in der Überschrift dieses Abschnittes heißt, „auf dem Weg zur gegenseitigen Anerkennung der Taufe". Daß die Anerkennung für die Einheit der Kirche wichtig ist, folgt aus dem Duktus des bisher Gesagten (Nr. 6 Überwindung der Trennung und Kommentar). Folgerichtig ist dann auch der Aufruf, die gegenseitige Anerkennung der Taufe ausdrücklich zu erklären[14]). Aber dies kann lediglich ein Schritt auf dem Wege sein, denn auch die gegenseitige Taufanerkennung hebt die Kirchentrennungen ja nicht auf (Kommentar zu Nr. 6). Dies entbehrt zwar einer gewissen Logik, da gegenseitige Anerkennung der Taufe nichts anderes als gegenseitige Anerkennung der Glieder am Leib Christi bedeuten kann und damit volle Gemeinschaft erreicht wäre. Aber dies aus der Taufanerkennung abzuleiten, sind die Kirchen noch nicht bereit zu tun.

Nr. 16: Die gegenseitige Anerkennung der Taufe ist dort am schwierigsten, wo sich die Positionen der Säuglings- und Erwachsenentaufe gegenüberstehen. In aller Regel erkennen die Vertreter der Erwachsenentaufe die Säuglingstaufe nicht als Taufe an; wenn dann die Erwachsenentaufe an einem bereits als Säugling Getauften vollzogen wird, sehen Vertreter der Säuglingstaufe darin den unter Nr. 13 genannten Tatbestand der „Wieder-Taufe" gegeben. Umgekehrt argumentieren die Vertreter der Erwachsenentaufe, daß zu viele als Säugling Getaufte kein christliches Leben führen und ihrer Taufgnade nicht nachkommen, d. h. der ethischen Neuorientierung (Nr. 4)

---

[14]) Vgl. Nils Ehrenström: Mutual Recognition of Baptism in Interchurch Agreements, Faith and Order Paper 90, Genf 1978.

nicht entsprechen. Wenn solche Menschen dann in den Bereich der die Erwachsenentaufe praktizierenden Kirchen kommen und dort die Erwachsenentaufe an sich vollziehen lassen, wird dies als Taufe, nicht als „Wieder-Taufe“ interpretiert.

Die Lima-Erklärung gibt beiden Seiten Stoff zum Überdenken ihrer Positionen. Den Kirchen, die die Erwachsenentaufe üben — das sind vor allem die Baptisten, Mennoniten, Brethren, Disciples of Christ, einige Pfingstgemeinden und in der Regel auch die Freien evangelischen Gemeinden —, empfiehlt man, die Kinder sichtbarer unter den Schutz der Gnade Gottes zu stellen. Dieser Forderung wird in einigen täuferischen Gemeinden[15]) dadurch entsprochen, daß im Gottesdienst eine Säuglings-/Kindersegnung vorgenommen wird. Die Eltern bringen den Säugling nach vorn; sie werden zusammen mit ihrem Kind der Gemeinde vorgestellt und der Fürbitte der Gemeinde empfohlen. Es soll so sichtbar zum Ausdruck gebracht werden, daß dieses Kind im Bereich der Gemeinde aufwächst und die Gemeinde Verantwortung gegenüber dem Säugling hat. In einem Fürbittegebet mit Handauflegung durch den Pastor und/oder den Ältesten der Gemeinde wird der Säugling dem Schutz Gottes anvertraut (vgl. Nr. 11 zweiter Absatz). Dieser Segnungsakt, der ausdrücklich nicht als Taufersatz verstanden wird, kann als eine Möglichkeit angesehen werden, den Umgang der „täuferischen“ Gemeinden mit den in ihrem Bereich aufwachsenden Kindern zu bereichern.

---

[15]) Unter „täuferischen Gemeinden“ werden im Nachfolgenden die bereits genannten Kirchen verstanden, d. h. Baptisten, Mennoniten, Brethren, Disciples of Christ, Pfingstgemeinden und die Freien evang. Gemeinden. Die Aufzählung geschieht unbeschadet der unterschiedlichen Interpretation, die diese Gruppen der Erwachsenentaufe geben und unbeschadet unterschiedlicher Praxis. So z. B. taufen die meisten genannten Kirchen durch Untertauchen. Die Mennoniten taufen jedoch durch Besprengen. Bei den Brethren ist dreimaliges Untertauchen nach vorn die Regel. Zu den unterschiedlichen Interpretationen der Taufe aus baptistischer Sicht vgl. Thorwald Lorenzen: Baptism and Church Membership: Some Baptist Positions and their Ecumenical Implications, JES 18, 1981, 561-574.

Die Kirchen, die die Säuglingstaufe üben, werden vor „der Praxis einer offensichtlich unterschiedslosen Taufe“ gewarnt. Der gleiche Wortlaut findet sich im Kommentar nach Nr. 21 im Abschnitt b) wieder. Dort heißt es, daß die europäischen und amerikanischen Mehrheitskirchen sich zu einer „vertieften kritischen Reflektion über die Bedeutung der Taufe“ angesichts der Tatsache führen lassen sollten, daß sie die Kindertaufe „in einer offensichtlich unterschiedslosen Weise“ praktizieren. Die Folge dieser Praxis ist es nämlich, daß die Vertreter der Gläubigentaufe zögern, die Säuglingstaufe als Taufe anzuerkennen. Zweifellos ist in diesen Sätzen das Adjektiv „unterschiedslos“ (Englisch: indiscriminate) besonders betont.

Der Vorwurf wird erhoben, daß die Mehrheitskirchen die Taufen vornehmen, ohne daß sie in der Lage oder willens sind, ihrer Verantwortung gegenüber den getauften Kindern auch nachzukommen. Die Verantwortung der Kirche besteht nämlich nach der Lima-Erklärung in einer gegenüber den getauften Kindern vorzunehmenden Pflege (Englisch: nurture), die auf eine reiflich erwogene Verpflichtung gegenüber Christus (mature commitment to Christ) abzielt. Dieses Ziel kann nicht erreicht werden, wenn die Mehrheitskirchen „unterschiedslos“ taufen. Implizit wird der Vorwurf erhoben, daß weder Eltern und Paten noch die Kirche insgesamt in ausreichendem Maße auf ihre Verantwortung vorbereitet sind und deshalb eine christliche Pflege der Säuglinge nicht gewährleistet ist.

Säuglingstaufe setzt offenbar dieses hohe Maß an Vorbereitung der Eltern, Paten und der ganzen Gemeinde voraus. Eine unterschiedslos praktizierte Säuglingstaufe steht wegen des negativen Eindruckes, den die vielen unchristlich aufwachsenden aber Getauften bei Vertretern der Erwachsenentaufe hinterlassen ebenso der Einheit der Kirche im Wege wie die Erwachsenentaufe, wenn dadurch der Eindruck der „Wieder-Taufe“ erweckt wird (Nr. 13).

V. Die Feier der Taufe

Nr. 17: Daß die Taufe mit Wasser im Namen des dreieinigen Gottes vollzogen wird, ist allen Kirchen gemein.

Nr. 18: Die Immersions- oder Tauchtaufe, die im Accra-Text (Nr. 21) als die in den ersten Jahrhunderten gewöhnliche Taufform bezeichnet wurde[16]), ist besonders geeignet, der symbolischen Dimension des Wassers lebendigen Ausdruck zu verleihen. Der Text spielt darauf an, daß die Teilnahme des Christen an Tod und Auferstehung Christi durch das Untertauchen im „Wassergrab" und das anschließende „Auferstehen" sichtbar und erfahrbar gemacht wird. In den Kirchen mit Erwachsenentaufe ist die Tauchtaufe die Regel. Sie wird aber auch in den orthodoxen Kirchen an den Säuglingen vollzogen, die dreimal vollkommen untergetaucht werden.

Der anschließende Kommentar macht noch auf weitere symbolische Bedeutungen des Wassers (Leben, Segen, Kontinuität zwischen alter und neuer Schöpfung, Bedeutung für den Einzelnen und den Kosmos, Reinigung) aufmerksam. Der letzte Satz wiederholt bereits vorher Gesagtes (Nr. 3, Nr. 4).

Nr. 19: Die Gabe des Geistes in der Taufe ist vorausgesetzt. Es geht in diesem Abschnitt lediglich um die Art der zusätzlichen Bezeichnung dieser Gabe bei der Tauffeier. Man knüpft bei der Praxis der frühen Jahrhunderte an und führt die Handauflegung, Salbung, Ölung und das Kreuzschlagen als Möglichkeit ein. Bei letzterem wird in der deutschen Übersetzung vom „‚wahren' Zeichen des Kreuzes" gesprochen, so als ob es ein „unwahres" Zeichen gäbe. Das englische Original spricht vom „very sign of the cross", was wohl richtig zu übersetzen wäre mit „allein schon das Kreuzschlagen" oder „das bloße Kreuzschlagen". Von der Wiederentdeckung der alten Praktiken verspricht man sich eine Bereicherung der Liturgie. Dies mag stimmen, doch sollte man nicht nur von der Praxis der

---

[16]) Nr. 21 des Accra-Textes heißt: „In den ersten Jahrhunderten wurde die Taufe gewöhnlich durch Untertauchen vollzogen. In der Tat verdeutlicht der Akt des Untertauchens, daß der Christ in seiner Taufe am Tod, am Begrabenwerden und an der Auferstehung Christi teilhat. Eine Wiederaufnahme dieser frühen Form durch diejenigen, die sie aufgegeben haben, würde die Symbolkraft der Liturgie verstärken." In: Müller-Fahrenholz: aaO., 100.

frühen Jahrhunderte eine Bereicherung erwarten, zumal es, wie Nr. 14 (zweiter Absatz) ausdrücklich festhält, unterschiedliche Auffassungen darüber gibt, „worin das Zeichen der Gabe des Geistes sich ausdrückt". Da die bezeichnete „Sache" — die Gabe des Geistes in der Taufe — unumstritten ist, stellt sich die Frage, welchen Gebrauch man von den alten Traditionen zu welchem Zweck machen will.

Nr. 20: Der Abschnitt ist keine liturgische Ordnung, sondern zählt die Elemente auf, die in einer Taufliturgie enthalten sein sollen:

- Verkündigung der Heiligen Schrift unter Bezug auf die Taufe.
- Anrufung des Heiligen Geistes.
- Absage an das Böse. Die alte Kirche kannte die abrenuntiatio diaboli, d.h. eine dreimalige Absage an den Satan, die zum Westen, der Himmelsrichtung des Satans, gesprochen wird und mit einem dreimaligen Bespucken des Satans einherging[17]). An diese Tradition knüpft man an, wenngleich eine Akzentverschiebung vom Konkreten (Teufel) zum Abstrakten (das Böse) unverkennbar ist.
- Bekenntnis des Glaubens an Christus und die Heilige Trinität. Auffallend ist hier die besondere Erwähnung Christi, weil er doch in der Trinität eingeschlossen ist. Vielleicht wirkt hier die altkirchliche Tradition nach, gemäß deren der Christ nach der Absage an den Satan sich nach Osten wendet, um sich Christus ganz hinzugeben[18]).
- Verwendung von Wasser. Dies eigens aufzuführen, sollte nach allem, was zur Taufsymbolik gesagt wurde, überflüssig sein. Es ist jedoch, wie der Kommentar c) zu Nr. 21 verdeutlicht, nicht in allen Kirchen die Wassertaufe üblich. Insbesondere werden einige afrikanische Kirchen genannt, die die Taufe des Heiligen Geistes durch Handauflegung ohne Wasser üben. Wie Gerhard Voß, einer der römisch-katholischen Beobachter in Lima, berichtete, handelt es sich dabei um solche Kirchen, die in wasserarmen Ländern Afrikas wegen der Wasserarmut auf eine

[17]) Friedrich Heiler: Die Ostkirchen, München/Basel 1971, 156.
[18]) Ebd.

Wassertaufe verzichten müssen[19]). Sollte diese Interpretation zutreffend und dieser Grund ausschlaggebend sein, so wird man Verständnis für diese Haltung zeigen müssen. Es könnte aber auch eine Abwertung der Wassertaufe und eine demgegenüber möglicherweise unangebrachte Aufwertung der Geisttaufe vorliegen. Darauf scheint der Kommentar zu verweisen, der eine Studie über das Verhältnis der Praxis einiger afrikanischer Kirchen zur Wassertaufe als unbedingt notwendig einstuft.

- Eine Erklärung, daß die Getauften eine neue Identität als Kinder Gottes und Glieder der Kirche und damit Zeugen des Evangeliums empfangen haben. Bemerkenswert ist die enge Zuordnung von „Kinder Gottes" und „Glieder der Kirche".

Der Schlußsatz dieses Abschnittes macht klar, daß es noch einige Elemente der Taufliturgie gibt, die eine unterschiedliche Bewertung erkennen lassen. Einige Kirchen, so wird gesagt, betrachten die Versiegelung der Getauften mit der Gabe des Geistes und die Teilnahme am Heiligen Abendmahl als notwendige Bestandteile, ohne die die Initiation durch die Taufe unvollständig wäre. Dazu ist zu bemerken, daß für Kirchen mit Erwachsenentaufe eine Abendmahlsfeier gewöhnlich integraler Bestandteil eines Taufgottesdienstes ist. Daß die „Versiegelung" mit dem Geist zur Taufliturgie gehört, gilt für solche Kirchen und für die orthodoxen Kirchen gleichermaßen, auch wenn man den Begriff „Versiegelung" in der Regel vermeidet. Es ist überhaupt zu fragen, warum man diesen Begriff gebraucht hat, der zwar im Neuen Testament vorkommt, in der neueren Zeit aber oft von sektiererischen Randgruppen in Beschlag genommen wurde[20]). Im übrigen zeigt sich an der Differenz in diesem Punkte die unterschiedliche

---

[19]) Gerhard Voß: Den gemeinsamen Glauben anerkennen, KNA-ÖI Nr. 10 vom 3. März 1982, 8.

[20]) So gilt z. B. in der Neuapostolischen Kirche die Versiegelung neben Taufe und Abendmahl als drittes, nur den Aposteln vorbehaltenes Sakrament. Man findet die Versiegelung bei Gruppen mit autoritärer Führung. Sie signalisiert etwas definitiv Abgeschlossenes; daher gibt diese Handlung dem dazu Berechtigten eine große Machtfülle an die Hand.

Auffassung in Bezug auf den Heiligen Geist beim Taufgeschehen, wie sie unter Nr. 19 und Nr. 5 bereits erwähnt wurde.

Nr. 21: Dieser Satz erläutert nur noch einmal, was in der Taufliturgie an erster Stelle genannt wurde, nämlich die Auslegung der Taufstellen der Heiligen Schrift. Im Taufgottesdienst sollen die unter II. genannten Punkte eine Auslegung erfahren.

Der Kommentar nimmt auf Mißverständnisse Bezug, die aus dem soziokulturellen Kontext des Taufvollzugs erwachsen sind. Zu diesen Mißverständnissen rechnet man

a) die Verwechselung von Taufe und Namensgebung, die häufig dazu geführt hat, daß man Täuflingen in nichtchristlichen Kulturen bei der Taufe einen christlichen Namen zulegte. Die Lima-Erklärung sieht hierbei die Gefahr einer kulturellen Entfremdung der Getauften von ihrer örtlichen Gegebenheit. Diese Praxis sollte vermieden werden, damit die Getauften in ihrer Kultur verwurzelt bleiben und ihre Taufe ein Zeugnis der Universalität der Taufe ist. Man muß hinzufügen, daß auch in christlichen Ländern die Verwechslung von Taufe und Namensgebung ihre Spuren bis in sprachliche Wendungen hinterlassen hat. So z.B. sprechen wir vom „Umtaufen" oder von der „Taufe" eines Schiffes;

b) die offensichtlich unterschiedslose Taufpraxis;

c) den Vollzug der Taufe ohne Wasser. Von beiden Mißverständnissen war oben bereits die Rede.

Nr. 22: In allen Kirchen wird die Taufe normalerweise von einem ordinierten Amtsträger vollzogen. Nottaufen sind aber auch allen Gliedern der Gemeinde gestattet. Kirchen mit Erwachsenentaufe kennen normalerweise keine Nottaufe[21]).

Nr. 23: Es entspricht der Bedeutung der Taufe für das Gemeindeleben insgesamt und jeden einzelnen Christen, daß die Taufe im öffentlichen Gottesdienst vollzogen

---

[21]) Der Begriff taucht in der Lima-Erklärung nicht auf.

wird. Kliniktaufen und Haustaufen können deshalb unter normalen Umständen nicht stattfinden. Die gottesdienstliche Taufe soll die Gemeindeglieder an ihre eigene Taufe erinnern und zugleich diejenigen in der Gemeinde bekanntmachen, für deren Unterweisung im Glauben die Gemeinde Verantwortung trägt. An eine Praxis der alten Kirche wird erinnert, den Taufgottesdienst in Verbindung mit hohen Festtagen wie Ostern, Pfingsten und Epiphanias zu begehen.

Folgt man der Argumentation der Konvergenzerklärung, so dürfen unter normalen Umständen weder Kliniktaufen noch Haustaufen oder Taufen im engsten Familienkreis im Anschluß an den Gottesdienst stattfinden.

Übergeordnete Probleme

Es sollen in dem jetzt folgenden Teil einige übergeordnete Gesichtspunkte, die für eine Rezeption der Lima-Erklärung entscheidend sein können, angesprochen werden. Gelegentlich werden dabei auch historische Überlegungen einfließen müssen. Dies geschieht einmal zur Verdeutlichung der Positionen, hat aber auch damit zu tun, daß die Kirchen sagen sollen, inwiefern sie in der Lima-Erklärung den Glauben durch die Jahrhunderte erkennen können.

1. Taufe und Konfirmation (Firmung)

Das Auseinanderfallen von Taufe und Firmung (Konfirmation) ist dann problematisch, wenn die Firmung als sakramentaler Akt verstanden wird, der Anteil am Heiligen Geist verleiht. Der Eindruck muß entstehen, daß der Getaufte bis zur Firmung nicht in ganzer Fülle aus dem Heiligen Geist leben kann, weil dieser ja erst in der Handauflegung durch den Bischof verliehen wird. In „lumen gentium" (Nr. 11) sagt das Zweite Vatikanische Konzil: „Durch das Sakrament der Firmung werden sie [die Gläubigen] vollkommener der Kirche verbunden." Eine solche Aussage ist mit der Tauferklärung von Lima unvereinbar, weil die Steigerung in Bezug auf die Firmung („vollkommener“) eine Verminderung der Taufe beinhalten muß, sofern Kirche hier Kirche Jesu Christi meint, in die die Taufe eingliedert, und nicht eine Konfessionskirche, an die der Firmling fester gebunden wird.

Aber auch die evangelische und anglikanische Konfirmation gibt Probleme auf. Sie wird häufig mit dem ersten Gang zum Abendmahl in Verbindung gebracht, so daß die Konfirmation als eigentlicher Aufnahmeakt in die Gemeinde mißverstanden werden kann, zumal auch einige kirchliche Rechte wie z. B. das Patenamt an die Konfirmation geknüpft sind.

Es ist in diesem Zusammenhang aufschlußreich, sich des historischen Ortes der evangelischen und anglikanischen Konfirmation zu besinnen. In beiden Gemeinschaften wurde die Konfirmation durch Martin Butzers Bestrebungen eingeführt. Dieser war von dem hessischen Landgrafen Philipp nach Marburg eingeladen worden, um mit dort gefangen gehaltenen „Wieder“-Täufern ein Gespräch abzuhalten, das am 30. Oktober 1538 begann und einige Tage dauerte[22]). Bezeichnenderweise führten die Täufer Klage über das weltliche, unfromme Leben vieler getaufter Kirchenglieder.

Butzer war diesem Argument zugänglich. Er war bemüht, dem bösen Treiben der Kirchenglieder mit Zucht und Bann beizukommen[23]). Dem Anliegen der Täufer, die Christengemeinde besser zu verwirklichen, könne die Kirche am besten entsprechen, wenn „wir die christliche Haushaltung besser bestellen und die christliche Zucht ernstlicher üben“[24]). Wie dies auszusehen hat, legte Butzer in dem Entwurf einer Kirchenordnung fest. Seine Empfeh-

---

[22]) Vgl. Günther Franz (Hg.): Urkundliche Quellen zur hessischen Reformationsgeschichte, Bd. IV. Wiedertäuferakten 1527—1626, Marburg 1951, 213ff.

[23]) Ebd., 215 „Nu mag kein kirch sein, sie muss ein ban haben.“ Vgl. Dietrich Bonhoeffer: Nachfolge, 2: „Billige Gnade ist Predigt der Vergebung ohne Buße, ist Taufe ohne Gemeindezucht, ist Abendmahl ohne Bekenntnis der Sünden ...“

[24]) Alfred Uckeley: Die Kirchenordnungen von Ziegenhain und Kassel 1539, Marburg 1939, 25.

lungen haben in die sogenannte Ziegenhainer Zuchtordnung und Kasseler Kirchenordnung (1538/39) Eingang gefunden[25]).

Es soll die „Zucht“ bei denjenigen, die trotz Ermahnungen seitens der Pfarrer und Ältesten weiter sündigen, zur Anwendung gebracht werden. Die Gemeinde soll solche Unbelehrbaren „von der gemeynschafft der Christen ... ausschliessen / und als heyden unnd unchristen halten / damit nit solcher sauerteyg / den gantzen teyg des Christlichen volcks verseure und verderbe ...“. Man bleibt aber nicht bei dieser negativen Zucht stehen, sondern betont die Seelsorgepflicht der ganzen Gemeinde. Dazu gehört auch, daß man sich der Kinder, gleichsam präventiv, annimmt und einen Unterricht einführt, der mit der neu einzurichtenden Handlung der Konfirmation abschließt. Zu Ostern, Pfingsten oder Weihnachten sollen die Kinder vor der Gemeinde von ihren Eltern und Paten dargestellt und vom Pfarrer in den „fürnemsten stücken des Christlichen glaubens“ befragt werden. Danach soll der Pfarrer „den selbigen kindern / hende aufflegen / und sie also im namen des Herrn Konfirmieren / und zu Christlicher gemeynschafft bestetigen / Auch darauff zum Tisch des Herren gehen heyssen“[26]). Die Kasseler Kirchenordnung nennt das „Hendaufflegen“ eine „sakramentliche Ceremonie“, wodurch die Kinder auf ihr eigenes Bekenntnis hin in der christlichen Gemeinde bestätigt werden.

Bei der Verhandlung der Theologen in Ziegenhain nahm einer der „Wiedertäufer“, der in Marburg mit Butzer verhandelt hatte, beratend teil. Offenbar waren durch die Einführung sowohl der Kirchenzucht wie der Konfirmation die Bedenken der Täufer gegen die reformatorische Kirche in Hessen zerstreut, denn die Täufer kehrten in die Kirche zurück — ein in der Reformationsgeschichte einmaliger Vorgang. Durch die Ordnungen war sichergestellt, daß die Gemeinde ihre Seelsorgepflicht gegenüber solchen,

---

[25]) Uckeley hat beide Ordnungen in dem Anm. 24 zitierten Büchlein wieder abgedruckt. Es handelt sich dabei um den Nachdruck der unpaginierten Originale.

[26]) Die Zitate entstammen der Ziegenhainer Zuchtordnung.

die weder zur Predigt noch zum Abendmahl gingen oder sich fortgesetzter Sünden schuldig machten, nachkommen würde, von der einfachen Ermahnung bis hin zum Mittel des Kirchenbanns. Auch war erreicht, daß der Taufe eine nachfolgende Unterweisung mit dem Ziel folgen sollte, die Kinder zum eigenständigen Bekennen des Glaubens zu führen. Die Konfirmation war eine Bestätigung der Kirchengliedschaft, also weder eine Vollendung noch eine Ergänzung der Taufe. Mit ihr war jedoch die Zulassung zum Abendmahl verknüpft.

Dadurch daß Butzer 1549 eine Professur an der englischen Universität Cambridge annahm und durch ein Gutachten zum Book of Common Prayer wesentlichen Anteil an der Neugestaltung der Kirche in England hatte, fand der in Hessen in den Verhandlungen mit den Täufern gefundene Ritus der Konfirmation auch Eingang in die Ordnung der anglikanischen Kirche[27]).

Dieser ausführliche Rückblick auf den Beginn der Konfirmation sollte verdeutlichen, daß damals bereits das Problem Säuglings- oder Erwachsenentaufe den Hintergrund für die Einführung einer neuen kirchlichen Handlung bildete. Diese Handlung zielte auf eine größere Verpflichtung zum christlichen Leben durch eine auf die Taufe folgende Unterweisung ab. Die Zulassung zum Abendmahl wird erst denjenigen erteilt, die ein eigenes persönliches Bekenntnis ablegen können. Dies stellte keine Relativierung der mit der Taufe gegebenen Gliedschaft dar, sondern sollte einen „Taufautomatismus" verhindern. So wie man Getaufte bannen konnte und sie dadurch, weil sie jetzt „Heiden" waren, vom Abendmahl ausschloß, so konnte man auch die getauften Kinder vor dem Ablegen eines Glaubensbekenntnisses vom Abendmahl fernhalten. Sowohl der Gebannte wie der Heranwachsende sind getauft, doch ist der eine aus der Gnade gefallen, während der andere erst in sie hineinwächst.

Ob die Konfirmation ein Teil des Prozesses der Initiation ist, bleibt fraglich. Sie ist als Akt der Bestätigung der Gliedschaft aufgefaßt, dem sich ein getauftes Kind — theo-

---

[27]) Rite of Confirmation.

retisch und praktisch — durch Fernbleiben entziehen kann. In einem solchen Fall würde es sich selbst die Bestätigung der Gliedschaft versagen. Denn dazu gehört die Feier des Abendmahls.

Die Konfirmation bietet also die Gelegenheit, daß der als Säugling Getaufte seine „persönliche Antwort" gibt (Nr. 12). Die Säuglingstaufe ist ja auf „ein Bekenntnis zu einem späteren Zeitpunkt" nach einer christlichen Unterweisung ausgerichtet (Nr. 12), weil persönliche Verpflichtung notwendig für eine Gliedschaft am Leibe Christi ist (Nr. 8). Daß einige Kirchen dazu eine eigene Handlung entwickelt haben, ist nur zu begrüßen.

Die Konfirmation wird aber in der Lima-Erklärung kritisiert, weil sie in ihre Verklammerung mit der Zulassung zum Abendmahl die Taufe in ihrer Bedeutung verdeckt. Zwischen Taufe und Abendmahlsempfang darf nichts „eingeschoben werden" (Nr. 14 Kommentar b). Dies bedeutet aber, daß auch solche zum Abendmahl zugelassen werden dürfen, die als Säuglinge getauft, aber noch kein persönliches Bekenntnis ablegen können oder abgelegt haben. Dahinter wird die orthodoxe Position sichtbar, und es zeigt sich, daß die Lima-Erklärung nur mühsam drei verschiedene Tauftraditionen zusammenhalten kann. Darauf soll jetzt näher eingegangen werden.

II. Drei Taufen in der Lima-Erklärung

Für die orthodoxe Tradition ist die Taufe „ohne die Versiegelung der Getauften mit der Gabe des Heiligen Geistes und die Teilnahme am Heiligen Abendmahl" nicht vollständig (Nr. 20). Daher gehören auch bei der Säuglingstaufe Firmung oder Myronsalbung sowie Eucharistie notwendig zum Taufgottesdienst dazu. Der Täufling teilt ja den Glauben seiner Eltern (Nr. 12 Kommentar zweiter Absatz). Deshalb braucht er späterhin kein persönliches Bekenntnis abzulegen. Der Säugling „glaubt" selbst schon. Ihm wird deshalb auch in Form eines winzigen Partikels die Kommunion gereicht, und auch die Kinderkommunion ist selbstverständlich[28]). Von diesem Ansatz aus ist eine Konfirmation unmöglich.

Diese Sicht der Säuglingstaufe steht in Spannung zu der Säuglingstaufe, wie sie in der Lima-Erklärung auch wiederholt angesprochen ist, nämlich einer Säuglingstaufe, die unter der Voraussetzung des Bekenntnisses der Kirche (Eltern, Erziehungsberechtigte, Paten und Gemeinden) vorgenommen wird, die später aber „durch persönlichen Glauben und persönliches Engagement bekräftigt“ werden soll. Die Taufe setzt einen nie abgeschlossenen Prozeß des Wachsens in Gang (Nr. 8), in dessen Verlauf es irgendwann (z. B. bei der Konfirmation) zu einem persönlichen Bekenntnis kommt, weil der persönliche Glaube des Getauften „wesentlich“ (essential) dafür ist, daß die vollen Früchte der Taufe empfangen werden[29]).

Hier wird die persönliche Verpflichtung zur Gliedschaft am Leibe Christi konkret, doch bedeutet das persönliche Glaubensbekenntnis (z. B. bei der Konfirmation) keinen Endpunkt einer Entwicklung, weil das Wachsen und die christliche Unterweisung „ihrem Wesen nach nie abgeschlossen“ sind (Nr. 12 Kommentar dritter Absatz). Die Taufe ist als Initiationsritus in sich abgeschlossen; sie bedarf nicht des persönlichen Bekenntnisses zu ihrer Vollendung, sondern setzt mit Hilfe der kontinuierlichen kirchlichen Unterweisung das Hineinwachsen des Täuflings in die Gemeinde frei. Die Verantwortung der Kirche für die Getauften ist außerordentlich groß. Von hier aus wird sehr deutlich, warum eine unterschiedslos praktizierte Säuglingstaufe abzulehnen ist (Nr. 16 und Nr. 21 Kommentar b).

Diesen zwei Arten des Taufverständnisses der Taufe als Säuglingstaufe steht die Erwachsenentaufe als gleichberechtigte Alternative zur Seite. Die Taufe wird an denjeni-

---

[28]) Vgl. zu Taufe und Firmung Nyssen: aaO. (Anm. 4), 409ff mit ausführlichen Zitaten aus der Liturgie.

[29]) Man kann fragen, was „volle“ Früchte sind; hier ist der Text unpräzise. Die deutsche Übersetzung spricht davon, daß „die Früchte der Taufe voll empfangen werden“. Hier ist also das Empfangen modifiziert, aber auch dann bleibt der Sinn des Adverbs unklar.

gen vollzogen, die ein persönliches Glaubensbekenntnis ablegen können (Nr. 11), das dann im Taufgottesdienst einen „integralen Bestandteil" bildet (Nr. 12). Die so Getauften bedürfen keines besonderen Ritus mehr, um am Abendmahl teilzunehmen. Sie haben in aller Regel einen Taufunterricht durchlaufen, der in der Taufe seinen Abschluß findet. Die Taufe führt auf die eucharistische Feier hin (Nr. 14 Kommentar b).

Wie soll man diese drei Taufformen beurteilen? Sicherlich ist die Erwachsenentaufe die ursprünglich in der christlichen Gemeinde generell praktizierte Form. Sie liegt auch der ersten uns zugänglichen Kirchenordnung zugrunde, die Hippolyt um 220 verfaßt hat. Nachdem die Taufbewerber eine Unterrichtsphase durchlaufen haben und ihr Lebenswandel einer genauen Prüfung unterzogen wurde, werden sie in der Osterzeit in einem weit ausholenden zeremoniellen Gottesdienst[30]) zur Zeit des Hahnenschreis in fließendem, reinen Wasser durch dreimaliges Tauchen getauft.

Diese Form der Taufe als Missionstaufe ist die altkirchlich-orthodoxe Taufe[31]). Sie wird nach dem Katechumenat vollzogen. Wegen einer rigiden Bußdisziplin in der Alten Kirche kann man oft beobachten, daß die Taufe auf das Sterbebett hinausgeschoben wird. Man verweilt im Dauerkatechumenat und entzieht sich auf diese Weise der ganzen Verantwortung, aber auch dem Zugriff kirchlicher Bußdisziplin. Während der Taufbewerber den Katechumenenunterricht besucht, darf er noch nicht an der „Gläubigenmesse" teilnehmen. Deshalb zerfällt der Gottesdienst in zwei Teile: Die Liturgie der Katechumenen und die Liturgie der Gläubigen. Die noch ungetauften Katechumenen wohnen dem ersten Teil in einem für sie besonderen Vorraum der Kirche bei. Sie dürfen am Wortgottesdienst teilnehmen, müssen aber vor der Feier des eucharistischen Mysteriums die Kirche verlassen. Dann

---

[30]) Vgl. Die Ordnung der Taufe nach Hippolyt bei Joachim Beckmann: Art. Taufe, liturgiegeschichtlich, RGG^3, Bd. VI, Sp. 649.

[31]) Heiler: aaO., 155ff und Carl Heinz Ratschow: Die eine christliche Taufe, Gütersloh 1979^2, 63ff.

erst beginnt die Gläubigenmesse der Getauften. Vor der Rezitation des Credo vergewissert sich der Priester noch einmal durch den Ruf: „Die Türen, die Türen!“, daß die Katechumenen gegangen und die Türen von dem Türschließer — ein Amt in der Alten Kirche — geschlossen sind[32]). Erst dann singt er das Glaubensbekenntnis, das nur heilige Ohren hören dürfen und den Katechumenen erst kurz vor ihrer eigenen Taufe mitgeteilt wird.

Die orthodoxe Kirche hat diese aus der Missionssituation erwachsene Tauf- und Eucharistiefeier beibehalten, auch als sie dazu überging, die Säuglingstaufe zu praktizieren. Die einzelnen Elemente der Taufliturgie und der Eucharistiefeier sind jedoch nur sinnvoll, wenn sie auf einen zu taufenden Erwachsenen bezogen werden. Es stellt sich hier das grundsätzliche hermeneutische Problem, ob die neutestamentlichen Texte und die Praxis der ersten christlichen Jahrhunderte, die eine Taufe der Gläubigen voraussetzen, ohne tiefgreifenden Bedeutungswandel auf die Säuglingstaufe übertragen werden dürfen. Der Bedeutungswandel läßt sich an Hilfskonstruktionen ablesen, die man in Ost und West einführen mußte. Im Osten wird eine fiktive Katechese vor der Taufe beibehalten, die Fragen, die ehemals dem erwachsenen Täufling galten, werden von Stellvertretern beantwortet, der Täufling aber ist selber ein Gläubiger, der deshalb gefirmt wird und der an der ehemals nur den getauften Erwachsenen vorbehaltenen Kommunion teilnimmt.

Im Westen hat Augustin in seiner Auseinandersetzung mit den Pelagianern die Theorie der Erbsünde entwickelt. Selbst die gerade geborenen Kinder haben teil an der durch den Fall Adams verursachten Unordnung des Seins. Die natürliche Mutter gebiert das durch den Samen des Mannes empfangene Kind, das sündig ist. In der Taufe als dem Bad der Wiedergeburt wirken Gott und die als Jungfrau und Mutter gedachte Kirche zusammen, um die Glieder Christi hervorzubringen. Das Wasser der Taufe bei der Wiedergeburt kann Augustin mit der Feuchtigkeit des männlichen Samens in Beziehung setzen. So wie der Same

---

32) Heiler: aaO., 217.

die natürliche Geburt einleitet, so das Wasser die übernatürliche Wiedergeburt. In der Taufe wird die Sünde, die sich die Kinder durch die Geburt zugezogen haben, abgewaschen[33]). Die Erbsünde verlangt geradezu die Säuglingstaufe, die sich auf dem Konzil von Karthago 418 durchsetzt, während andere Ansichten anathematisiert werden[34]). Die Erbsündenlehre erweist sich als Voraussetzung der Säuglingstaufe im Westen und wird von dem Mann propagiert, der selbst noch zusammen mit seinem 14-jährigen illegitimen Sohn als Erwachsener getauft worden war. Es wird aber keine eigenständige „Säuglingstaufliturgie“ entwickelt. Auch im Westen ist zu beobachten, daß der Ritus der Erwachsenentaufe auf die Säuglingstaufe Anwendung findet[35]).

In der Reformation wird dieser Sitz im Leben der Taufe nicht mehr erkannt. Das reiche zeremonielle Geschehen, das an die Erwachsenentaufe gemahnt, erschien als Menschensatzung, als Menschenzusatz und Zutat. Für Luther stand fest, daß die Säuglingstaufe, die er dankbar von der römischen Kirche empfing, aber anders deutet, auf die Apostel selbst zurückging[36]). Da aber bei den Aposteln von all den Zutaten nichts zu finden ist, heftet sich sein Interesse an die „reine“ Säuglingstaufe. Er eliminierte die Teile, die mit der Säuglingstaufe nicht in Einklang zu bringen waren: „Die Taufe der christlichen Kinder ist eigenständig gemacht. Sie soll nun für sich verständlich sein. Das lutherische Relikt der abrenuntiatio diaboli zum Beispiel steht verloren da und ist in den Agenden bis in unsere Tage mitgeschleppt, ohne daß es sich sinnvoll dem Ganzen verbinden ließ. Viele moderne Fragen, die sich an die Kindertaufe richten, sind aus der auf die ‚bloße‘ Kindertaufe reduzierten Form zu erklären“[37]). Trotz dieser

---

[33]) Vgl. Eduard Nagel: Kindertaufe und Taufaufschub. Die Praxis vom 3. bis 5. Jahrhundert in Nordafrika und ihre theologische Einordnung bei Tertullian, Cyprian und Augustinus, Frankfurt/Main 1980.

[34]) Vgl. Otto Wermelinger: Rom und Pelagius, Stuttgart 1975, 165ff.

[35]) Ratschow: aaO., 67.

[36]) Darauf kann hier nicht weiter eingegangen werden. Vgl. aber Ratschow: aaO., 75ff. Vgl. WA 26, 147.

[37]) Ebda., 106.

Reduktion ist jedoch bei Luther die Hilfskonstruktion beibehalten, daß die Kinder oder Säuglinge selber glauben. Sie werden von den Eltern und Paten als den cooperatores dei in deren Glauben (in fide aliena) herzugebracht als solche, die keinen Glauben haben; sie empfangen aber in der Taufe eine fides propria, ein „eygen glauben"[38]), der völlig voraussetzungslos, allein vom Heiligen Geist bewirkt, passiv empfangen wird.

III. Die drei Taufformen und die Konfirmation

Die drei Formen — eine Säuglingstaufe, die von der Erwachsenentaufe her entworfen ist, eine „reine" Säuglingstaufe und die Gläubigentaufe — stehen nebeneinander. Die schwierigsten hermeneutischen Probleme gibt die Säuglingstaufe auf, deren gesamter Ritus aus der Erwachsenentaufe entstanden war, aber auf die Taufe von Säuglingen übertragen wird. Ist dies legitim? Diese Frage stellt sich insbesondere, weil auch in den evangelischen Kirchen ein Trend zur Kinderkommunion vor der Konfirmation zu beobachten ist[39]).

Beruht dies aber nicht auf falschen Voraussetzungen? Der historische Rückblick sollte verdeutlichen, daß die Einführung der Konfirmation ein durchaus ökumenisches Ereignis war, weil mit ihrer Hilfe Vertreter der Erwachsenentaufe und Vertreter der Säuglingstaufe wieder in der Kirche zusammen sein konnten. Die Erwachsenentaufe wurde zwar aufgegeben, doch kann man dies als einen durch die historische Situation bedingten Umstand erklären. Die Konfirmation zielte jedenfalls auf das persönliche Engagement ab, auf das es den Täufern ankam, das sie in

---

[38]) Karl Brinkel: Die Lehre Luthers von der fides infantium bei der Kindertaufe, Berlin 1958, 86ff.

[39]) Vgl. das engagierte Ja zu dieser Praxis bei Müller-Fahrenholz (Hg.): ... und wehret ihnen nicht. Ein ökumenisches Plädoyer für die Zulassung von Kindern zum Abendmahl, Frankfurt/Main 1981.

der Landeskirche vermißten und das umgekehrt der Landgraf Philipp ihnen attestierte[40])

Darf man dann aufgrund der orthodoxen Prämisse, daß das Kind den Glauben der Eltern teilt, die Konfirmation als „Zwischenschiebsel" abwerten? Freilich hat nicht Luther, sondern Butzer die Konfirmation eingeführt. Bei Luther wäre sie wegen des Glaubens der Kinder nicht unbedingt notwendig gewesen. Hier dachte Luther formal wie die Orthodoxen. Doch dürfte heute schwerlich ein lutherischer Theologe diese Voraussetzung mit dem Reformator teilen.

Dann aber fragt es sich, ob man den Unterricht und die Konfirmation nicht beibehalten muß. Gäbe man Unterricht und Konfirmation auf, müßte man eigentlich auch die Säuglingstaufe aufgeben. Denn sie verlangt einen nachfolgenden Akt, der zuvor durch eine Unterweisung eingeleitet wird. So wie in der Alten Kirche die Taufbewerber zunächst dem Katechumenat zugeordnet waren, so geschieht nach der Säuglingstaufe der Unterricht vor der Zulassung zum Abendmahl. Dadurch ist nicht abgewertet, daß die Taufe auf die Eucharistie verweist, sondern dies wird im Blick auf den persönlichen Glauben gerade ernst genommen. Die Säuglingstaufe verlangt nach einer kirchlichen Feier, in deren Mittelpunkt das persönliche Bekenntnis steht. Dies muß freilich nicht nur die Konfirmation als rite de passage sein. Es lassen sich auch andere Formen entwickeln. Aber feiern sollte eine Gemeinde diesen Anlaß allemal. Vielleicht sind unsere Gottesdienste deshalb so verarmt, weil wir den Glauben und das Bekenntnis des Glaubens nicht mehr in rechter Weise feiern.

Unter dieser Voraussetzung erscheint dann der nächste Schritt denkbar. So wie die Säuglingstaufe die „Glaubensfeier" nach sich zieht, so verlangt die Erwachsenentaufe

---

[40]) 1531 schrieb der Landgraf Philipp an seine Schwester Elisabeth von Sachsen: „Ich sehe auch meher beßerung bej den, dj man schwermer heist, dan bej den dj luterisch sein ...". Ob sich von daher die für das Reformationsjahrhundert ganz ungewöhnliche Milde des Landgrafen gegenüber den Täufern erklären läßt? Der Brief ist abgedruckt bei Christoph von Rommel: Philipp der Großmütige, Landgraf von Hessen, 3. Bd. Urkunden, Gießen 1830, 40.

umgekehrt einen ihr vorgeschalteten Akt, durch den die christliche Gemeinde ihre Verantwortung den Kindern gegenüber bekundet. Die Erwachsenentaufe weist nach hinten auf eine Feier der Säuglingssegnung, die Säuglingstaufe verweist nach vorn auf eine Feier des persönlichen Engagements. So könnten beide Taufformen tatsächlich in einer Kirche zur Anwendung kommen, wie dies zum Beispiel in der Kirche von Nord-Indien der Fall ist. Unvereinbar mit dieser Anschauung ist freilich die Annahme, daß bei der Taufe ein Säuglingsglaube da ist, der es sogar dem Säugling gestattet, an der Kommunion teilzunehmen.

IV. Taufe und Unterweisung

Daß Taufe und Unterweisung eng aufeinander bezogen sind, macht das altkirchliche Katechumenat und der Unterricht, der zur Konfirmation führt, klar. Die Unterweisung sollte jedoch nach der Lima-Erklärung nie abgeschlossen sein. Die leidige Feststellung, daß die Kirche bei der Konfirmationsfeier die meisten Kinder aus der Kirche „hinauskonfirmiert“, dürfte ihren Grund auch darin haben, daß es in den meisten evangelischen Landeskirchen keinen kontinuierlichen Unterricht gibt und der Konfirmationsunterricht häufig als lästige Sitte empfunden wird. Kirchlicher Unterricht als geplantes pädagogisches Geschehen gibt es eigentlich nur als Konfirmandenunterricht, der gerade wegen seiner singulären Stellung so unbeliebt sein dürfte. Erwachsenenbildung und Erwachsenenseminare werden zwar auch angeboten, doch ist häufig der Zusammenhang mit der Kirchengemeinde nicht deutlich genug und die Kontinuität fehlt. Das in vielen Teilen der Welt praktizierte Modell kontinuierlicher kirchlicher Unterweisung in Form einer für alle Altersklassen zugänglichen Sonntagsschule hat in Deutschland keine Räsonanz gefunden. Die Kirchen werden sich fragen müssen, wie sie der Konvergenzerklärung entsprechen können, die eine fortlaufende christliche Unterweisung verlangt und sogar von deren „Wieder“-Entdeckung spricht.

Es scheint, als ob einige Freikirchen hier neue Wege beschreiten. Im Bund Freier evangelischer Gemeinden und im Bund Evangelisch-Freikirchlicher Gemeinden wird seit

1977 gemeinsam mit Erfolg die sogenannte Gemeindebibelschule erprobt. In meist altersmäßig gegliederten Kleingruppen trifft man sich sonntags vor oder nach dem Gottesdienst oder an einem Wochenabend, um mit Hilfe von Arbeitsheften, die Fragen und Aufgaben enthalten, zu vertiefter Bibelkenntnis und einem neuen Lebensstil zu gelangen. „Die GBS will bewußt der Säkularisierung entgegentreten"[41]). Zumindest ist hier der Versuch gemacht, die Unabgeschlossenheit christlicher Unterweisung ernst zu nehmen.

V. Taufe und Glaube

Die Lima-Erklärung macht deutlich, wie eng Taufe und Glaube aufeinander bezogen sind. Ohne Glauben gibt es keine Taufe, ganz gleich ob Kinder- oder Erwachsenentaufe. Gegen letztere ist häufig der Einwand erhoben worden, daß der Glaube als Geschenk Gottes keine „überprüfbare Sache" sei. Er sei als Gabe Gottes unverfügbar und kein „Besitz". Da niemand einem Menschen ins Herz sehen könne, sei jedes Glaubensbekenntnis zweideutig. An der Richtigkeit dieser Aussagen wird niemand zweifeln können; sie sind allerdings einseitig.

Denn der Glaube ist nicht nur bei der Erwachsenentaufe, sondern auch bei der Säuglingstaufe gefordert. Ungeachtet der Tatsache, daß der Glaube kein fester Besitzstand, sondern ein stets neu zu ergreifendes Geschenk der Gnade Gottes ist (Nr. 9), geht es dennoch um den Ausdruck der in der Kirche erfahrenen existentiellen Betroffenheit des Glaubens. Die Nichtüberprüfbarkeit des Glaubens darf dennoch nicht den Blick gegenüber der Notwendigkeit eines persönlichen Engagements trüben. Dies macht die Lima-Erklärung ganz deutlich, und zwar im Blick auf die Erwachsenentaufe bei den Glaubenden selbst und im Blick auf die Säuglingstaufe bei Eltern und Paten. Um den Glauben und das persönliche Engagement geht es bei beiden Taufformen; nur ist der den Glauben Bekennende ein anderer.

---

[41]) Günter Wieske: Art. „Gemeindebibelschule", in Geldbach u. a. (Hg.): Evangelisches Gemeindelexikon, Wuppertal 1978, 197f.

So gewiß der Glaube keine Leistung des Menschen ist, so gewiß ist er auch keine Vorleistung für die Erwachsenen- oder Säuglingstaufe. Der Glaube ist stets ein Geschenk der Gnade und spricht sich in beiden Taufformen aus. Es ist nach der Lima-Erklärung nicht mehr möglich, den Vorwurf gegen die Kirchen mit Erwachsenentaufe zu erheben, sie würden menschliche Voraussetzungen — und dann gar noch den Glauben als Leistung — vor die Taufe setzen. Denn ohne den Glauben ist auch der Säuglingstaufe der Boden entzogen[42]). Die Kindertaufe kann zwar besonders markant die „vorlaufende Gnade Gottes“ verdeutlichen, doch wird auch der als erwachsener Christ Getaufte sich stets dessen bewußt sein, daß Christus für ihn gestorben ist, als er noch Sünder war.

Das ganze Leben der Getauften ist auf diese Gnade angelegt. Ein Mehr oder Weniger an Gnade bei dieser oder jener Taufart ist ausgeschlossen. Es darf keine stolze Überheblichkeit — die Gefahr bei der Erwachsenentaufe — oder eine Spiritualisierung des Glaubens — eine Gefahr bei der Säuglingstaufe — geben. Der Glaube ist weder Besitz, noch darf er sich verflüchtigen. Er drängt zu einer geschichtlichen Gestalt in der Gemeinschaft der Glaubenden, wo er mit den Konsequenzen gelebt sein will, die in Nr. 10 im Rahmen von Erneuerung und Befreiung mit aller Deutlichkeit beschrieben sind.

VI. Wiedertaufe

Was geschieht mit einem Menschen, der als Säugling getauft wurde, sich aber zur Erwachsenentaufe meldet bzw. sie begehrt? Da beide Taufformen nach der Lima-

[42]) Durchaus widersprüchlich heißt es in einem Votum des Taufausschusses der EKU zur Tauflehre Karl Barths, der die Taufe Nichtglaubender ausgeschlossen hatte, im Abs. II. 2. a) und b): „In der Taufe ist der Täufling der das Heil Empfangende, Gott der das Heil Zuwendende. Der Glaube kann deshalb keine Bedingung der Taufe sein, weil dann der Glaube ein Werk des Menschen zu werden droht. — Glaube ist die von Gott gewirkte freie Entsprechung des Menschen zum gnädigen Handeln Gottes und also die von Gott gegebene Voraussetzung der Taufe.“ In Fritz Viering (Hg.): Zu Karl Barths Lehre von der Taufe, Gütersloh 1972², 168.

Erklärung gleichberechtigte Alternativen sind, wäre es denkbar, daß in Zukunft mehr Menschen, die die Säuglingstaufe empfangen haben, ein solches Begehren äußern.

In einer gewöhnlich die Säuglingstaufe praktizierenden Kirche würde dies Begehren als Ansinnen zurückgewiesen und der/die Betreffende an seine/ihre Taufe erinnert. In der römisch-katholischen Kirche ist eine eigene Liturgie zur Erneuerung der Taufgelübde entwickelt worden, die vor allem in der charismatischen Bewegung häufig zur Anwendung kommt[43]). Die Kirchen könnten die Betreffenden auch ermuntern, am Abendmahl teilzunehmen.

Was geschieht aber, wenn diese Personen einen Kirchenwechsel vornehmen wollen und sich bei einer Kirche zur Taufe melden, die die Erwachsenentaufe praktiziert? Sollte diese Kirche den Taufbewerber im Blick auf die „sakramentale Integrität“ (Nr. 13 Kommentar) seiner bisherigen Kirche zurückweisen? In den meisten täuferischen Gemeinden würde man dies nicht tun, sondern den Bewerber taufen. Dies wäre in den Augen der Vertreter der Säuglingstaufe eine Wiedertaufe, weil man mit dem Vollzug der Erwachsenentaufe zugleich kundtut, daß die an dem Betreffenden vollzogene Säuglingstaufe keine Taufe ist. Andererseits wird von täuferischer Seite immer wieder vorgebracht, daß der Einzelne ein Recht auf seine freie Religionsausübung hat. Eine Taufverweigerung würde als Einschränkung der Religions- und Gewissensfreiheit betrachtet.

Wenn man sich vor Augen hält, mit welcher Zähigkeit und Leidensbereitschaft, aber auch mit welchem politischen Weitblick täuferische Gruppen die Religions- und Gewissensfreiheit für sich und alle anderen Kirchen und religiösen Gruppen gefordert und erkämpft haben[44]) und

---

[43]) Vgl. hierzu den sehr instruktiven und das Taufproblem im sozialen Kontext der Bundesrepublik Deutschland mit einbeziehenden Artikel von Heribert Mühlen: Volkskirche und Umkehr. Auf dem Weg zu einer Umkehrliturgie für alle, Erneuerung in Kirche und Gesellschaft 11, 1982, 20-26.

[44]) Vgl. dazu Geldbach: Gewissensfreiheit und freikirchliche Tradition, in Jahrbuch des Evangelischen Bundes XXV Gewissen, Göttingen 1982, 81ff.

welche Widerstände ihnen gerade von Kirchen, die die Säuglingstaufe praktizieren, entgegengebracht wurde, dann versteht man, daß hier zwei Prinzipien aufeinanderprallen, nämlich die Unwiederholbarkeit der Taufe einerseits und die Gewissens- und Religionsfreiheit andererseits. Welches soll man höher bewerten? Die Frage bleibt jedoch bestehen, inwieweit täuferische Gemeinden auf die Erwachsenentaufe hin arbeiten oder wieweit sie bereit wären, bei einem Bewerber zur Mitgliedschaft die Säuglingstaufe anzuerkennen.

Die Freien evangelischen Gemeinden haben in ihren „Leitsätzen zur Taufe" (Oktober/November 1982)[45]) folgendes formuliert: „8. Wir sehen eine Taufhandlung, bei der der persönliche Glaube des Täuflings fehlt, nicht als Taufe an. Darum ist die Taufe aufgrund des Glaubens keine Wiedertaufe. Taufe ist unwiederholbar. Wenn jemand bereits als Säugling getauft wurde und aufgrund einer vor Gott getroffenen Gewissensentscheidung darin seine Taufe sieht, wird diese Überzeugung geachtet." So sehr man sich gegen den Verdacht einer Wiedertaufe wehrt und die Glaubenstaufe als einzige mögliche Taufe hinstellt, so gewiß wird das Prinzip der Gewissensfreiheit auch für diejenigen zur Anwendung gebracht, die in ihrer Säuglingstaufe die Taufe erkennen wollen. Ein „Hinarbeiten" auf die Glaubenstaufe könnte demnach entfallen. Es dürfte aber auch klar sein, daß eine generelle Regelung unter Berücksichtigung der Gewissensentscheidung des Einzelnen und der sakramentalen Integrität jeder Kirche zur Zeit noch nicht möglich ist.

Ein anderes Problem ist die Frage, was in der Lima-Erklärung gemeint ist, wenn von Gläubigentaufe an solchen gesprochen wird, die aus dem „Unglauben" kommen (Nr. 11). Es handelt sich hierbei ja nicht um Angehörige anderer Religionen, weil diese eigens erwähnt werden. Sind auch die unterschiedslos als Säuglinge Getauften, aber von der Kirche nicht Betreuten bzw. die Früchte der Taufe nicht Zeigenden solche, die aus dem Unglauben kommen? Liegt hier eine Berechtigung der täuferischen Gemeinden

---

[45]) Der Gärtner 89. Jg., 28. November 1982, 764.

vor, eine Taufe vorzunehmen? Könnte dies dann auch noch als eine „Wieder-Taufe“ ausgelegt werden, wie es Nr. 13 im Konjunktiv formuliert?

VII. Unterschiedslos taufen?

Der härteste Vorwurf, den die Konvergenzerklärung von Lima erhebt und der zugleich die größte Herausforderung für die deutschen evangelischen Landeskirchen sein dürfte, ist ein Satz, der gleich zweimal auftaucht: Die Kirchen, die die Säuglingstaufe üben, müßten sich „gegenüber der Praxis einer offensichtlich unterschiedslosen Taufe schützen“ (Nr. 16, Nr. 21 Kommentar b). Der Text geht davon aus, daß nicht die Kindertaufe an sich auf Kirchen mit Erwachsenentaufe irritierend wirkt, sondern erst die unterschiedslose Weise ihrer Anwendung zu Zweifeln an der Taufe Anlaß gibt. Die Kritik besagt nichts anderes, als daß die europäischen und amerikanischen Mehrheitskirchen die Verwaltung des Taufsakraments nicht ernst genug nehmen.

Diese Feststellung beinhaltet, daß einer anderen Praxis, nämlich der einer differenzierenden Ausübung der Taufe, der Vorzug zu geben ist. Nach welchen Kriterien wäre aber die unterscheidende Praxis vorzunehmen, und was gilt es zu unterscheiden? Der gesamte Duktus des Textes, aber auch die speziellen Abschnitte Nr. 16 und Nr. 21 zeigen, daß es dabei um die Wahrnehmung einer besonderen Verantwortung geht, die aufs engste mit dem Problem der Unterweisung und des Glaubens (s. o.) zusammenhängt. Die Verantwortung gilt es zu übernehmen in Hinsicht auf eine christliche Erziehung der getauften Kinder. Mit anderen Worten: Die Taufe wäre nur dann zu vollziehen, wenn die Erziehungsberechtigten und Paten bei einem seelsorgerlichen Taufgespräch zu erkennen geben, daß ihnen weder ihr eigener Glaube noch die christliche Kirche und die christliche Unterweisung des zu taufenden Kindes gleichgültig sind. Zur Vorbereitung der Taufe würde es gehören, den Glauben der Erziehungsberechtigten und Paten in irgendeiner Form zu „überprüfen“. Natürlich kann es dabei nicht um das Abfragen dogmatisch korrekter

Sätze gehen. Es müßte aber der Versuch gemacht werden, auf zwei Fragen eine Antwort zu finden:

Warum soll das Kind getauft werden?

Wie schätzen Eltern und Paten ihren christlichen Glauben und ihr Verhältnis zur Kirche im Blick auf die Erziehung des Kindes ein?

Wenn sich herausstellt, daß weder Eltern noch Paten etwas mit dem Glauben anfangen können, dann müßte ein Taufaufschub erfolgen. Die Kirche und ihre Amtsträger müßten sich zu schade sein, die Taufe zu einem reinen Verwaltungsakt zu degradieren, der die Kirche in eine gefährliche Nähe zu einer Behörde rücken würde. Wenn kein anderes Motiv als reine gesellschaftliche Gewohnheiten erkennbar wird oder wenn lediglich die Sorge im Hintergrund steht, das Kind könnte im Kindergarten, in der Schule oder in der Nachbarschaft ‚anders' behandelt werden, bloß weil es nicht getauft ist, wäre der Taufaufschub zu raten.

Wenn die Taufe vorgenommen wird, d.h. wenn der ernsthafte Wille zur christlichen Erziehung erkennbar ist, dann ist damit sowenig eine Sicherheit verbunden, daß das Kind wirklich einmal zu einer „bewußten Verpflichtung Christus gegenüber" kommt (Nr. 16), wie umgekehrt die Verweigerung einer Taufe mit dem definitiven Ausschluß aus der Kirche einhergeht. Den Glauben zu wecken, ist Sache Gottes. Allerdings haben Elternhaus und Kirche Gelegenheiten bereitzuhalten, daß Gottes Wort gesagt und gehört werden kann. Das gehört in ihren Verantwortungsbereich.

Eine solche differenzierende Praxis der Taufe hätte erhebliche Konsequenzen für die Kirche. Wenn nämlich die Säuglingstaufe von der Kirche verweigert werden kann, was gegenwärtig zwar theoretisch-kirchenrechtlich möglich, praktisch aber so selten geschieht, daß darüber dann die Medien berichten, und wenn dieser Taufaufschub in einem Maße erfolgen würde, wie es der Bedeutung der Taufe entspricht, dann hätte die Kirche auch für spätere Taufvollzüge neue Möglichkeiten anzubieten. Es wären in der Tat die beiden Taufformen gleichberechtigt nebeneinander zu praktizieren (vgl. Nr. 12 Kommentar vierter Absatz).

Die bisherige volkskirchliche Situation setzte die fast totale Identität von Bürgergemeinde und Christengemeinde voraus. Doch beginnen sich allmählich Veränderungen abzuzeichnen. Es ist nicht mehr für alle Eltern eine selbstverständliche kirchliche Pflicht, ihre Neugeborenen in den ersten vier Wochen nach der Geburt zur Taufe zu bringen. Ein Geflecht von unterschiedlichen Faktoren ist hierbei entscheidend, das von totaler Gleichgültigkeit[46]) bis zu einem bewußten, aus christlicher Verantwortung vorgenommenen Taufaufschub reicht: Die Kinder sollen zu einem späteren Zeitpunkt sich selbst für (oder gegen) eine Taufe entscheiden können.

Aus den zuletzt genannten Beispielen ergibt sich zunächst einmal, daß ein Taufaufschub aus gegensätzlichen Motiven erfolgen kann. Er kann seine Begründung in der Ablehnung des Glaubens, der Kirche und der christlichen Erziehung seitens der Eltern und Paten finden und in diesem Fall von der Kirche bzw. ihrem Amtsträger vorgenommen werden. Er kann aber auch aus christlichem Glauben durch die Eltern erfolgen, weil man dem Kind Entscheidungsmöglichkeiten einräumen will oder weil zum Beispiel christlichen Eltern die theologische Begründung der Säuglingstaufe nicht mehr einleuchtet[47]). In jedem Falle aber hätte ein Taufaufschub — vor allem, wenn er in größerer Zahl erfolgen würde — erhebliche Rückwirkungen auf den Mitgliederbestand der Kirche. Denn die Taufe begründet ja die Mitgliedschaft in der Kirche, so daß die nichtgetauften Kinder, auch diejenigen christlicher Eltern, den Status als Mitglied nicht genießen können. Die volkskirchliche Struktur und die Säuglingstaufe bedingen sich gegenseitig so sehr, daß ein Taufaufschub in größeren Zahlen die Volkskirche selbst in Gefahr bringt und den

---

[46]) Beim schnellen Absinken der Taufzahlen vor allem in den Großstädten wird man wohl in den allermeisten Fällen Gleichgültigkeit gegenüber der Kirche oder sogar deren Ablehnung annehmen müssen.

[47]) In einem solchen Fall läge kein „negativer Vorentscheid der Eltern“ vor, wie Heinz Brunotte: Taufe und Kirchenmitgliedschaft, formuliert. In Peter Meinhold (Hg.): Das Problem der Kirchengliedschaft heute, WdF Bd. 524, Darmstadt 1979, 187.

Satz „Unsere Volkskirche ist die Kirche der Kindertaufe“ verständlich macht[48]).

Bei den Vorschlägen zu einer differenzierteren Anwendung der Taufe geht es indes nicht um eine „systematische Förderung der Spättaufe“[49]), sondern um den systematischen Ausschluß der unterschiedslosen Taufpraxis. Daß dann neue Überlegungen anzustellen sind, wie nichtgetaufte Kinder im Verhältnis zur Kirche anzusehen sind und wie das Mitgliedschaftsrecht geändert oder neu geregelt werden kann, steht außer Frage, kann aber hier nicht behandelt werden. Auch ergeben sich neue Fragen bezüglich der Kirche und ihrem Bekenntnis. Wäre eine differenzierende Praxis der Taufe nicht dazu angetan, den Zusammenhang von Taufe und Bekenntnis stärker zu unterstreichen und damit die Kirche als „Bekenntniskirche“ deutlicher zu machen?

Die Kritik an der Säuglingstaufe erwächst ja in nicht geringem Maße gerade deshalb, weil die Identität von Kirchengemeinde und Bürgergemeinde so groß ist, daß auf der einen Seite der Eindruck des Macht- und Einflußerhalts mittels der Säuglingstaufe sich aufdrängt und auf der anderen Seite die Grenzen der Kirche zu sehr zu verschwimmen drohen. Wenn 90 Prozent der Kirchenmitglieder sich inaktiv verhalten und weder regelmäßig noch überhaupt Veranstaltungen der Kirche besuchen, dann ist dies ein bedenkliches Zeichen, wohin unter anderen Faktoren auch eine unterschiedslos praktizierte Taufe geführt hat. Man kann sich auch nicht damit rechtfertigen, daß es bei der Säuglingstaufe „um das einmalige Angebot der Gnade des lebendigen Gottes und also um der Seelen Seligkeit geht, für die die Kirche nach dem Missionsauftrag ihres Herrn Jesus Christus Verantwortung trägt“[50]), weil die Taufe als einmaliger Akt zwar wichtig ist, aber doch „die beständige Teilnahme am Leben der Kirche“ (Nr. 12 Kommentar zweiter Absatz) zur Folge haben muß.

---

[48]) Wenzel Lohff und Lutz Mohaupt (Hg.): Volkskirche — Kirche der Zukunft?, Hamburg 1977, 31.

[49]) So Brunotte: aaO., S. 187.

[50]) Ebd.

Daß bei der undifferenziert praktizierten Säuglingstaufe nicht nur theologische, sondern auch andere Faktoren in erheblichem Umfang im Spiele sind, kann man schon bei Luther feststellen:

• „Das man durch die gantzen Christenheit inn aller welt die unmundigen kinder teuffet und nicht harret, bis sie gros werden odder zur vernunfft komen, dunckt mich aus sonderlichem rat und vorsehen Gottes geschehen und auffkomen sein. Und wo man itzt solt die grossen und alten teuffen, hallt ich warlich, das sich das zehende teil nicht liesse teuffen, Ja wir weren gewislich (so viel an uns lege) lengest, lengest, eitel, eitel Turcken worden, Denn welche nicht getaufft weren, die wurden zu der Christen predigt nicht gehen und alle ihr lere und wesen, weil es eitel heilige frume leute machen wil, verachten, wie sie doch itzt thun, ob sie gleich getaufft sind und Christen sein wollen. Wenn nu solcher ungetauffter hauffe uberhand neme, was solt anders bald draus werden, denn ein lauter Turckenthum odder heidenschafft? Und ob gleich ettliche wenig drunder weren, die zu der Christen predigt giengen, die wurden doch die tauffe auffschieben bis auff das letzte stundlin, wie man itzt thut mit der busse und besserung des lebens.“[51]) •

Die ernste Frage entsteht, ob nicht in unserem Volk auch mit der Taufe die „heidenschafft“ entstanden ist.

Aus dem Dilemma kann aber die Lima-Erklärung befreien. Denn die Abschnitte über die Bedeutung der Taufe sollten die Vertreter der Säuglingstaufe daran erinnern, daß die Taufe kein äußerer Ritus oder ein Verwaltungsakt ist, auf den die Kirchenmitglieder ein undifferenziertes Recht haben. Sie sollten die Vertreter der Erwachsenentaufe an eben die gleichen Sachverhalte gemahnen und überdies ihnen das Bewußtsein einschärfen, daß die Erwachsenentaufe nicht mit einem Aufnahmeritus in einen Verein zu verwechseln ist.

Für das ökumenische Gespräch und das Ziel aller ökumenischen Versuche, der Einheit der Kirche zu dienen, ist die Feststellung wichtig, daß die Taufe als grundlegen-

---

[51]) WA 30 II, 595.

des Band der Einheit nicht zuerst in eine Konfessionskirche eingliedert, sondern in den universalen Leib Christi. Deshalb aber trägt jede Kirche gegenüber der Taufe in anderen Kirchen die Mitverantwortung.

Fragen für ein Gespräch

I. Möglichkeiten der Rezeption

1. Die geringsten Probleme im Prozeß der Aneignung der Tauferklärung von Lima dürften die Teile I und II bieten. Man kann inzwischen vielseitige dogmatische Übereinstimmungen formulieren, wie dies auch der Dialog zwischen der VELKD und den Baptisten in Deutschland[52]) klargemacht hat, ohne daß eine gegenseitige Taufanerkennung daraus notwendig folgt. Wenn die Taufe das ökumenische Band der Einheit ist, müßten dann nicht Fragen der Taufpraxis besondere Aufmerksamkeit erhalten?

Sind in den Kirchen der Bundesrepublik die Unterschiede des Geschlechts, der Rasse und des sozialen Status im Blick auf die durch die Taufe gegebene Einheit der christlichen Gemeinschaft abgebaut? Wo bestehen weiterhin Diskriminierungen? Welche Lehren kann man aus den Tatsachen ziehen, daß Diktatoren und andere Ausbeuter getauft waren und sind und daß die erzwungene Taufe ein Mittel der Kolonisation bzw. der Konversion (Judentaufe) war? Ist heute die Taufe ein Mittel des Machterhalts oder des Machtgewinns für die Kirchen?

II. Unterschiede zwischen den Kirchen

Bei dem Problembereich von Taufe und Glaube werden erste Unterschiede zwischen Kirchen verschiedener Traditionen aufbrechen. Nicht, daß die Zusammengehörigkeit von Glaube und Taufe umstritten wäre; vielmehr geht es

---

[52]) Vgl. Schlußbericht des Dialogs, 5.

um das Wie dieser Zusammengehörigkeit. Geht der Glaube der Taufe vorauf oder folgt er ihr nach?

Der Beantwortung dieser Frage wird man wohl noch eine andere Frage vorschalten müssen. Es ist die nach der soziologischen Einbettung der Taufe. Geschieht die Taufe in einer christlichen Umgebung oder in einer nach-christlichen, vom pragmatischen Atheismus bestimmten Umwelt? Diese Frage ist insofern grundlegend, als die Säuglingstaufe einen so intensiven Glauben voraussetzt, daß die glaubenden Eltern auch ihre Kinder in die christliche Gemeinde der Glaubenden eingebunden sehen möchten. Ist indes diese Intensität des Glaubens in der urbanisierten Industriegesellschaft noch vorhanden? Die Umwandlung, die die Volkskirchen der DDR inzwischen durchlaufen und die man als „Minorisierungsprozeß" bezeichnet, ist unter anderem auch am Rückgang der Taufzahlen der Säuglingstaufen und am Anstieg der Erwachsenen- und der Kindertaufen ablesbar. Leben wir in einer nach-christlichen Welt, die eigentlich die Missionstaufe erforderlich macht? Je nach Einschätzung der Situation dürfte auch die Taufpraxis unterschiedlich aussehen. Dabei ist der kirchenrechtliche Status ungetaufter Kinder wohl das geringste Problem. Der Dialog zwischen dem Reformierten Weltbund und dem Weltbund der Baptisten ergab, daß man die Kinder glaubender Eltern beider Kirchen als „schon im Wirkungsbereich des Heiligen Geistes" sich befindend ansah[53]).

Könnte somit in der Pneumatologie noch eine unentdeckte Möglichkeit der Überbrückung des Gegensatzes von Säuglingstaufe und Erwachsenentaufe liegen? Ist nicht in beiden Tauf formen der Heilige Geist am Werk, um den Prozeß der Initiation einzuleiten, obgleich einzelne Schritte dieses Prozesses zeitlich auseinanderfallen können?

Beim Problemfeld Glaube und Taufe ist auch nach dem Verhältnis des Glaubens der Kirche (Gemeinschaft) zu dem Glauben des Einzelnen zu fragen. Schließlich auch: Ist nicht, wenn der Glaube der Taufe voraufgeht, die Hin-

---

[53]) Nr. 9.

wendung zum Glauben (Bekehrung, Ruf in die Nachfolge oder wie man dies auch bezeichnen mag) das „eigentliche" Geschehen und mindert dies nicht den Wert der Taufe? Wie kann man Bekehrung und Taufe eng aneinander binden?

III. Erwachsenentaufe / Säuglingstaufe

Die Lima-Erklärung geht von der gleichberechtigten Alternative von Erwachsenen- und Säuglingstaufe aus. Dies ist in der deutschen Kirchengeschichte keineswegs selbstverständlich. Man braucht nicht daran zu erinnern, daß noch vor wenig mehr als einhundert Jahren Christen, die die Erwachsenentaufe übten, bitter verfolgt und zur Auswanderung gezwungen wurden. Es genügt schon, sich in Erinnerung zu rufen, daß noch vor wenigen Jahren gegen „Taufaufschieber" Maßnahmen der Kirchenzucht ergriffen wurden, ohne daß man nach dem Motiv des Aufschubs fragte. Die bloße Tatsache, daß Säuglinge nicht innerhalb der ersten vier Wochen nach der Geburt zur Taufe gebracht wurden, genügte, um zum Beispiel das Recht auf Patenamt, das kirchliche Wahlrecht und ähnliches abzuerkennen. Was bedeutet es für *alle* Kirchen, daß die eine Taufe auf zwei Arten geübt werden kann? Wie steht es um die Folgen für die Kirche und ihre Verwirklichung, wenn Säuglingstaufe oder Erwachsenentaufe geübt wird? Sind beide Taufformen in einer Kirche als Alternativen zu verwirklichen, und was bedeutet dies für die Struktur der Kirche? Man kann noch weitergehend fragen, welche theologischen und nicht-theologischen Faktoren die eine oder andere Taufform begünstigt (zum Beispiel Erbsünde; Reichskirche; Missionskirche; Volkskirche; Kirche der Nachfolger; Gewissensfreiheit; Gewohnheit; Tradition und Familientradition u. ä.).

Wenn man die kleine Zahl der in der Kirche Engagierten mit der großen Zahl der Gleichgültigen aber Getauften vergleicht, muß sich dann der Eindruck der Unwirksamkeit der Säuglingstaufe aufdrängen? Ist die Mission in unserem Lande dadurch wahrgenommen, daß man unterschiedslos tauft? Darf man in einer „unterschiedslos gewährten Säuglingstaufe eine Entleerung des neutestamentlichen Taufverständnisses“ sehen, wie die Baptisten im Dialog mit der VELKD ihren Vorwurf formulierten?[54]). Auch hier ist nicht die Säuglingstaufe an sich, sondern die unterschiedslose Gewährung der springende Punkt. Kann man die Praxis der „unterschiedslosen Säuglingstaufe“ ändern? Darf man sie ändern, wenn die Taufe Erweis der zuvorkommenden Gnade ist, die einem Kind nicht verweigert werden darf?[55]).

Wie kann, unbeschadet einer Antwort auf die letzte Frage, die Kirche den Eltern und Paten ihre Verantwortung gegenüber dem getauften Säugling besser einschärfen oder auf die Eltern- und Patenschaft vorbereiten? Welche Schritte müßten unternommen werden, um eine kontinuierliche christliche Unterweisung über den Konfirmandenunterricht hinaus zu gewährleisten? Wäre bei einer verantwortungsbewußten Säuglingstaufpraxis eine gegenseitige Anerkennung der Taufe zwischen Vertretern der Erwachsenen- und der Säuglingstaufe möglich? Daß dies sogar ohne diese Vorleistung erreichbar ist, zeigt der Dialog zwischen der römisch-katholischen Kirche und den Disciples of Christ, der eine gegenseitige Taufanerkennung bestätigte[56]). Sollten die Vertreter der Erwachsenentaufe nicht die Säuglingstaufe anerkennen, wenn ein als Säugling getauftes Glied, das seinen Glauben bekennt, in ihre Gemeinschaft aufgenommen wird? Wäre nicht die Gewissensentscheidung desjenigen, der seine Säuglingstaufe als Taufe anerkennt, zu respektieren, wie es die Freien evangelischen Gemeinden, nicht aber die Baptisten tun? Wenn eine unterschiedslose Säuglingstaufe ein zu eliminierender Abusus ist[57]), wäre dann eine Kindersegnung in Kirchen mit Säuglingstaufen zu erwägen?

---

[54]) Schlußbericht, 9.

[55]) Vgl. Lu Mo 21, 1982, 474.

[56]) Nr. 39 „However, in conclusion, we affirm the mutual recognition of baptism administered by Roman Catholics and Disciples ...“, in Ecumenical Trends 11, 1982, 133.

[57]) Das Faith and Order Paper 97, 101f spricht vom „abuse“.

IV. Schlußerwägungen

Läßt sich in deutschen Kirchen mit Säuglingstaufe die Immersionstaufe nach orthodoxem Vorbild einführen?

Hat die Säuglingstaufe die gleiche Bedeutung und Funktion wie die Taufe im Neuen Testament, oder welche Unterschiede bestehen?

Was bedeutet es für das Verhältnis von Schrift und Tradition, wenn Säuglingstaufe ein Element der Tradition ist?

Wenn in täuferischen Gemeinden die Kinder von Gemeindegliedern in der Regel im Alter von 12 bis 15 Jahren getauft werden, ist dann wirklich die Glaubenstaufe vollzogen, oder wird hier nicht der Nachwuchs (in Analogie zur Konfirmation) gesichert?

Trotz aller aufgeworfenen Fragen soll noch einmal unterstrichen werden, daß der Taufabschnitt der Lima-Erklärungen am ehesten zu rezipieren ist. Allerdings müßte der Versuch einer *gemeinsamen* Aneignung von allen Kirchen unternommen werden, weil sonst die Gefahr besteht, daß jede Kirche nur das entdeckt, was ihrer Praxis ohnehin entspricht. Die Herausforderungen der Konvergenzerklärung von Lima werden in vollem Umfang nur durch ein gegenseitiges Ermuntern und Infragestellen erkannt. Weil die Taufe in den Leib Christi inkorporiert und deshalb des ökumenische Band schlechthin ist, macht sie andererseits auf die Uneinheit der Kirchen aufmerksam[58]). Sie weist gleichsam über sich selbst hinaus auf die Verpflichtung aller zu einer gemeinsamen Suche nach der Einheit der Kirche.

---

[58]) Disciples-Roman Catholic International Dialogue 37 „baptism is paradoxically a sign of unity and a reminder of disunity“.

EUCHARISTIE

Walter Schöpsdau

Eigenart der Erklärung

Während die Erklärungen zu Taufe und Amt von dem einmaligen christlichen Initiationssakrament und der kirchlichen Ordnung handeln, hat die Eucharistieerklärung ein regelmäßiges gottesdienstliches Geschehen zum Gegenstand. Dies gibt dem Text eine besondere Chance. Die gottesdienstliche Anbetung ist nach dem alten Grundsatz „lex orandi lex credendi" der Ort, wo Theologie entspringt und folglich theologische Differenzen auch relativiert werden. Muß damit gerechnet werden, daß auf dem Wege theologischer Lehrgespräche ökumenisch nicht weiterzukommen ist — es wäre denn, die Rezeption der Lima-Texte würde eines anderen belehren —, so gewinnt das gemeinsame Tun und vor allem der gemeinsame Gottesdienst verstärkte Bedeutung. Wenn für evangelisches Verständnis Einheit der Kirche dort ist, wo Gottes Wort gehört und im Glauben angenommen wird, dann ist sie allen Einheitsbemühungen vorgegeben und wird primär in der gottesdienstlichen Dimension erfahren und realisiert.

Daß beim Herrenmahl des Bewußtsein der feiernden Gemeinde sich bekanntlich kaum mit den theologischen Theorien völlig deckt, wäre von hier aus positiv zu berücksichtigen. Die Gefahr, daß die gottesdienstliche Praxis sich verselbständigt und theologisch erblindet, sei nicht geleugnet. Nicht weniger gefährlich wäre es aber, den kerygmatischen Gehalt der Mahlfeier und die theologische Deutung unkritisch zu identifizieren. Sonst gerät das Herrenmahl in die Gefangenschaft dogmatischer Formeln, die sich in späterer Zeit als ungenügend erweisen können, von denen man dann aber aus Furcht, mit ihnen die Sache selbst zu verlieren, nicht mehr loskommt. Der Umgang mit den reformatorischen oder katholischen Sprachmustern des 16. Jahrhunderts hat diese Distanz oft vermissen lassen. Die Lima-Erklärung besitzt den Vorzug, daß sie hinter diese Verengungen auf den großzügigen und vielfältigen Sprachgebrauch der alten Kirche zurückgreift und einen Raum offenhält, in dem der Abstand zwischen Geheimnis und Deutung bewußt bleibt.

Darum fordert die Erklärung nicht den vollen theologischen Konsens, sondern hält „das wesentlich größer gewordene gegenseitige Verständnis, das in der vorliegenden Erklärung zum Ausdruck kommt," für ausreichend, um „es einigen Kirchen [zu] erlauben, ein größeres Maß an eucharistischer Gemeinschaft untereinander zu erreichen" (Nr. 33). Und „der beste Weg" dazu „ist die Erneuerung der Eucharistie selbst in bezug auf Lehre und Liturgie in den verschiedenen Kirchen" (Nr. 28).

Man kann fragen, wie weit die Erklärung selbst der in Nr. 33 getroffenen Feststellung treu bleibt. Die Frage rührt an die Konzeption des ökumenischen Dialogs überhaupt. Bedeutet der angestrebte Konsens „gegenseitiges Verständnis" oder Übereinstimmung in dogmatischen Aussagen? Die Eucharistieerklärung gibt jedenfalls in Nr. 33 einem dogmatischen Maximalismus den Abschied, der gerade dem Herrenmahl als einem primär gottesdienstlichen Geschehen höchst unangemessen wäre. Vom reformatorischen *„statis est"* aus wäre aber auch ein liturgischer Maximalismus abzulehnen, wie er in Nr. 27 zum Ausdruck kommt.

Die Eucharistieerklärung ist durch eine sehr deutliche Aufnahme orthodoxer Eucharistietheologie gekennzeichnet. Von spezifisch römisch-katholischen Fragen ist lediglich der Sühnecharakter des Meßopfers (Nr. 8 Kommentar) und die Aufbewahrung der konsekrierten Elemente (Nr. 32) angesprochen. Die orthodoxe Färbung des Dokuments entspricht einmal dem zahlenmäßigen Anteil der Vertreter der Orthodoxie im Ökumenischen Rat. Zum andern bekundet sich in ihr das sachliche Gewicht, das der orthodoxen Tradition in der Sicht ihrer Vertreter, aber auch nicht-orthodoxer Theologen für die Überwindung festgefahrener westlicher Kontroverspositionen zukommt. Bereits 1976 ist eine anglikanisch/orthodoxe

Studiengruppe in Moskau zu dem Ergebnis gelangt, daß die spezifisch ostkirchliche Sicht des Zusammenhangs von Eucharistie und Kirche einen wichtigen Schlüssel darstelle, der über das in den anglikanisch/römischen Gesprächen bisher Erreichte hinausführen könne[1]). Auf dem Boden einer orthodox inspirierten eucharistischen Ekklesiologie vermag die Lima-Erklärung alle theologischen Fragen der Eucharistie so zu beantworten, daß die Frage des ordinierten Amtes (vorläufig jedenfalls) ausgeklammert bleiben kann. Mit der Zuordnung von Eucharistie und Kirche werden weitere Elemente der östlichen Tradition übernommen, so die Funktion von Anamnese und Epiklese und die Deutung der Eucharistie als einer Vergegenwärtigung der ganzen Heilsgeschichte. Die Fragen der Transsubstantiation, des Opfers und des Opferpriestertums erscheinen in dieser Perspektive als unangemessene Verengungen.

Darum darf die Eucharistieerklärung nicht primär im Blick auf den evangelisch/katholischen Dialog gelesen werden, wie es sich in der bundesdeutschen Situation nahelegen könnte. Es handelt sich um ein Dokument, mit dem vor allem eine Konvergenz zwischen den nicht-römischen Kirchen beschrieben wird, wobei sich eine Blockbildung von Orthodoxen und Anglikanern auf der einen und protestantischen Gruppierungen auf der anderen Seite abzeichnet. Unter den letzteren dürften die Freikirchen, deren Denken und Leben weniger sakramental geprägt ist, mit der Annahme der Erklärung die meisten Schwierigkeiten haben. Für alle protestantischen Kirchen gilt, daß sie nicht auf eine Dialogmethode zurückgreifen können, die bloß Übereinstimmungen, Differenzen und künftige Aufgaben notiert. Dies mag noch angehen, wo man sich auf dem Boden einer gemeinsamen Fragestellung bewegt wie etwa im evangelisch/katholischen Dialog. Der Rekurs auf orthodoxe Tradition in der Eucharistieerklärung hat jedoch gerade den Sinn, die bisherige westliche Fragestellung überhaupt zu verändern. Darum soll die Kommentierung so erfolgen, daß zuerst Perspektiven benannt werden,

---

[1]) Anglican-Orthodox Dialogue. The Moscow Statement Agreed by the Anglican-Orthodox Joint Doctrinal Commission 1976 with introductory and supporting material, London 1977, 68f.

die das evangelische Abendmahlsverständnis erweitern können, danach werden einzelne Themenkreise aufgegriffen, in denen noch Verstehensprobleme auftauchen. Ein einfaches Ja oder Nein wird kaum möglich sein und würde auch den intendierten geistlichen Rezeptionsprozeß von vornherein blockieren. Anders als im evangelisch/katholischen Gespräch ist bei der Lima-Erklärung erst einige Übersetzungsarbeit zu leisten, ehe die Aussagen für ein theologisches Urteil vergleichbar werden.

Die Erklärung hat drei Teile: Einsetzung, Bedeutung und Feier der Eucharistie. Dem Ablauf der Messe folgend entfaltet der Mittelteil die Eucharistie unter fünf Gesichtspunkten: Danksagung an den Vater (eucharistia), Gedächtnis Christi (anamnesis), Anrufung des Geistes (epiklesis), Gemeinschaft der Gläubigen (communio) und Mahl des Gottesreiches (eschatologischer Aspekt). Der fünfte Punkt war im Accra-Text zu einem eigenen Teil „Implikationen der Eucharistie“ abgetrennt. In der Lima-Erklärung kommt deutlicher heraus, daß die Sendung in die Welt nicht bloß Folge, sondern eine wesentliche Dimension der Eucharistie ist. Sie verbindet in einer überzeugenden, klassisch zu nennenden Konzeption die trinitarische Struktur (eucharistia, anamnesis, epiklesis) mit der ekklesiologischen Gegenwart und dem eschatologischen Ausblick.

Zum Abschluß der Tagung der Kommission für Glaube und Kirchenverfassung wurde am 15. Januar 1982 eine Eucharistie gefeiert, an der Amtsträger aus sechs Konfessionen (Anglikaner, Altkatholiken, protestantische Kirchen) beteiligt waren. Der leitende Liturg wünschte („im Bewußtsein der Sünden, die noch die Kirchen trennen“) festzustellen, daß er als ordinierter Priester der Episcopal (Anglican) Church in den USA mit besonderer Genehmigung seines Heimats- wie des Ortsbischofs von Peru die Eucharistie leitete und ein eigens formuliertes Eucharistiegebet verwendete. Dem englischen Original der „Lima-Liturgie“ ist ferner eine Erklärung beigegeben, die nach den Bestimmungen der General Convention 1979 der Episcopal Church alle getauften Personen zum Empfang des Abendmahls einlädt, die in ihren eigenen Kirchen zum Abendmahl zugelassen sind. Daß die orthodoxen und fast alle römisch-katholischen Delegierten dennoch nicht kommunizierten, entspricht der bisherigen Praxis und zeigt, daß mit dem Aufweis von Konvergenzen im Eucharistieverständnis erst ein Prozeß eingeleitet ist, der eucharistische Gemeinschaft vorbereitet. Da die Lima-Liturgie Modellcharakter beansprucht, sind auch zu ihr Stellungnahmen von den Kirchen erbeten.

Anfragen an die evangelische Tradition

Wenn die Feier des Herrenmahls „der zentrale Akt des Gottesdienstes der Kirche" darstellt (Nr. 1), dann sollten auch in der Bewertung der Eucharistieerklärung die Gemeinsamkeiten im Verständnis Vorrang haben. Nicht ob und wo jede Seite ihre eigenen Positionen wiederfinden kann, darf die Leitfrage sein, sondern wo ihr durch die Sicht der anderen Kirchen neue Dimensionen im Verständnis des biblischen Herrenmahls aufgeschlossen werden, die sie bisher zu ihrem eigenen Schaden übersehen hat. Vier solcher Punkte seien genannt[2]):

1. Das Gemeinsame suchen

In den Abschnitten Nr. 1, 2, 19 und 24 finden sich zentrale Aussagen: Das Herrenmahl ist Gabe vom Herrn. Im Essen und Trinken des Brotes und Weines gewährt Christus Gemeinschaft mit sich selbst. Die Gemeinschaft mit ihm ist zugleich die Gemeinschaft im Leibe Christi, der Kirche. In der Eucharistie versöhnt, sind die Glieder des Leibes Christi berufen, Diener der Versöhnung unter den Menschen und Zeugen der Auferstehungsfreude zu sein. — In solchen Formulierungen ist der gemeinsame Glaube, der die Kirchen verbindet, zutreffend ausgedrückt. Die evangelischen Kirchen müssen sich fragen lassen, ob sie in

---

[2]) Die Zusammenfassung folgt der Stellungnahme des Theologischen Ausschusses der Arnoldshainer Konferenz zu den Accra-Texten, in Echo aus der Ökumene. Lutherische Stellungnahmen zu den Erklärungen der ÖRK-Kommission für Glauben und Kirchenverfassung über Taufe, Eucharistie und Amt, Genf 1981, 161-177.

der Abendmahlsfrage immer zuerst dieses Gemeinsame gesucht haben oder nicht zu häufig in der Kontroverse sei es mit der katholischen, sei es der reformatorischen Positionen untereinander befangen waren.

II. Der Freudencharakter des Herrenmahls

Durchgängig hebt die Erklärung des Freudencharakter der Eucharistie hervor. Sie ist „Lobpreis" und „Lobopfer" (Nr. 3, 4). Ihre „freudige Feier" (Nr. 7) schenkt einen „Vorgeschmack" der Parusie und des vollendeten Gottesreiches (Nr. 6, 18). Die an ihr teilnehmen, sind zu „Zeugen der Auferstehungsfreude" berufen (Nr. 24). Demgegenüber hat die evangelische Tradition das Herrenmahl einseitig im Umkreis der Passion Jesu angesiedelt und durch Drängen auf Selbstprüfung des Teilnehmenden und Vorschalten der Beichte seinen freudigen Charakter verdunkelt.

Die Vorordnung der Beichte vor dem Empfang des Abendmahls hat darüber hinaus nur solange einen evangelisch vertretbaren Sinn, als beides in einem ganzheitlichen Zusammenhang gesehen und der Beichtritus innerhalb der Feier als Versprachlichung dessen verstanden wird, was das Mahl gibt. Wenn aber die Beichte ein Mittel zur Herstellung von Abendmahlswürdigkeit sein soll, wird die im Mahl angebotene Versöhnung zur Dublette. Außerdem kommt ein Gnadenstandsdenken zum Vorschein, das sich schlecht mit der Rechtfertigung allein aus Glauben verträgt[3]).

III. Der Communio-Aspekt

Unaufgebbar gehört zur Eucharistie, daß sie in die „Gemeinschaft im Leibe Christi" (Nr. 19), in den Dienst der Versöhnung (Nr. 20) und die Solidarität mit den Brüdern stellt (Nr. 21, 24). Die Gemeinschaft des Leibes Christi schließt die im Tod vorausgegangenen Glieder ein

---

[3]) Hans-Christoph Schmidt-Lauber: Das Verhältnis von Wort und Sakrament — Geschichtliche Erfahrungen, in Jahrbuch des Evangelischen Bundes 26, 1983, 49-68, hier 64f.

(Nr. 11), wie sie auch missionarisch und eschatologisch auf die Welt vorgreift (Nr. 23, 25, 26). Durch diese Aussagen wird die reformatorische Tradition korrigiert, die den Gemeinschaftsaspekt vernachlässigt und das Herrenmahl zu einer Begegnung des einzelnen mit seinem Gott verengt hat.

IV. Trinitarisch-kosmische Bezüge

Während die lutherische Reformation das Herrenmahl vor allem im Horizont der Gewißheitsfrage als greifbare Zusage der Vergebung interpretierte, zieht die Lima-Erklärung die Linien sehr weit aus: als Danksagung an den Vater, Gedächtnis des Heilswerks im Sohn und Anrufung des Geistes nimmt die Eucharistie die Teilnehmenden in das Geheimnis der göttlichen Heilsgeschichte hinein. Im Gebet der Gläubigen und der Feier mit Brot und Wein ist die Welt dreifach gegenwärtig als von Gott geschaffene, mit ihm versöhnte und eschatologischer Neuschöpfung entgegengehende (Nr. 4, 23). Evangelische Kirchen sollten hier nicht sofort einen Triumphalismus wittern, der das Kreuz überspringt, sondern sich durch eine „kosmische, ökologische, positive und optimistische Perspektive der Eucharistie“[4]) zu einer entsprechenden Ethik des Umgangs mit der Schöpfung inspirieren lassen. Die orthodoxe Theologie findet vor allem die reformatorische Anthropozentrik, die bei der Rechtfertigung des Sünders stehen bleibt, befremdlich und erkennt in der Eucharistie „eine Bedeutung, die über die Problematik der Erlösung hinausgeht“; „sie wird zu einer Verkündigung von der Ontologie, von der Letztendlichkeit des Seins und vom Überleben der natürlichen Schöpfung“[5]). Daß diese Zusammenhänge evangelischer Tradition nicht ganz fremd sind, zeigt Luthers Insistieren auf der Leiblichkeit

---

[4]) Max Thurian: The Eucharistic Memorial — sacrifice of praise and supplication. Referat vor der Faith and Order Commission (Typoskript), 6.

[5]) Ioannis Zizioulas: Die Eucharistie in der neuzeitlichen orthodoxen Theologie, in Die Anrufung des Heiligen Geistes im Abendmahl. ÖR.B 31, 1977, 163-179, hier 177. — Eine Gesamtübersicht über den evangelisch-orthodoxen Dialog gibt Reinhard Frieling: Orthodox-Evangelisch-Katholisch, MdKI 32, 1981, 94-99, 105-108; 33, 1982, 26-32.

des Abendmahlsvorgangs. „Wir würden nichts lieber verlangen, als keine Sakramente zu haben: denn sie erinnern uns so drückend daran, daß Gott uns nicht von der Welt erlösen will, sondern daß Er die Welt erlösen will.“[6])

Anfragen an die Erklärung

I. Die exegetischen Grundlagen

Beim Accra-Text war von protestantischer Seite das Fehlen biblischer Belegstellen kritisiert worden. Dementsprechend wurden in die Lima-Fassung reichere biblische Verweise eingearbeitet. Sie erscheinen freilich fast bloß in der Funktion von *dicta probantia* für die jeweilige Konvergenzaussage. Die Rezeption des Textes würde erleichtert, wenn die leitenden hermeneutischen Prinzipien formuliert wären. Dies ist nirgends der Fall.

Die im Abendland entwickelte Form der Bibelexegese ist den Ostkirchen fremd. Thesenhaft wurde bei einem Gespräch zwischen der Russisch-Orthodoxen Kirche und der Evangelischen Kirche in Deutschland (EKD) festgehalten: „Beide Seiten stimmen darin überein, daß die Heilige Schrift aus Liebe zur Kirche, in Wahrheitsliebe zu lesen und auszulegen ist. In der Praxis geht dabei die orthodoxe Exegese von der Glaubenstradition der Kirche aus, während sich die evangelisch-lutherische Bibelauslegung der historisch-kritischen Methode als Erkenntnismittel (nicht aber als Erkenntnisprinzip) bedient“[7]). Dies setzt der exegetischen Argumentation im ökumenischen Dialog über das Herrenmahl ihre Grenze. Der von den Lima-Erklärungen initiierte Prozeß wird auch eine Besinnung auf die eigene hermeneutische Grundentscheidung enthalten

---

[6]) Jean-Jacques von Allmen: Ökumene im Herrenmahl. Kassel 1968, 101f. — Bereits Irenäus argumentiert mit der Eucharistie gegen gnostische Weltverachtung. Vgl. Geoffrey Wainwright: Der Gottesdienst als „Locus Theologicus“, KuD 28, 1982, 248-258, hier 254.

[7]) These III, 1 des Arnoldshainer Gesprächs zwischen Vertretern der Russisch-Orthodoxen Kirche und der EKD, in Das Opfer Christi und das Opfer der Christen. ÖR. B 34, 1979, 51.

müssen. Unter diesem Vorbehalt sind auch die exegetischen Bemerkungen dieses Kommentars zu lesen.

Welches Maß an Konvergenz wirklich erreicht wurde, wird die Interpretation des sehr dichten Paragraphen Nr. 2 in den einzelnen Kirchen erweisen. Der Abschnitt greift mit Bedacht auf Formulierungen des Neuen Testaments zurück (1 Kor 10,16ff; 12,12; Mt 26,28; Joh 6,51-58). Wie werden die verschiedenen Kirchen den Begriff „Gemeinschaft am Leib und Blut Christi" (vgl. 1 Kor 10,16) auslegen? Die Lima-Erklärung interpretiert exegetisch zutreffend, wenn sie im nächsten Satz vom „Essen und Trinken des Brotes und Weines" spricht, in dem „Christus Gemeinschaft mit sich selbst gewährt". Damit ist die Beobachtung aufgenommen, daß Paulus jedenfalls nirgends von einem mündlichen Genuß von Leib und Blut Christi spricht, sondern den Mahlvorgang stets auf Brot und Wein bezieht (vgl. 1 Kor 10,21; 11,26-28). Mit *koinonia* (Teilhabe) an Leib und Blut Christi interpretiert Paulus eigentlich das „ist" der Einsetzungsworte: Brot und Wein „sind" Leib und Blut Christi, indem sie Anteil geben an Christi Heilswerk[8]). Es handelt sich, um es mit späteren Formeln zu sagen, um eine Transsignifikation oder Transfinalisation, nicht um Transsubstantiation. Dabei liegt exegetisch eine zusätzliche Nuance darin, daß bei der *koinonia tou somatos* (Teilhabe am Leib) vermutlich nicht primär an den am Kreuz getöteten Leib, sondern, wie die Fortsetzung 1 Kor 10,17ff nahelegt, an den Leib im Sinne Röm 12,5; 1 Kor 12,12 gedacht ist. Auch dies ist in Nr. 2 (vierter Satz) berücksichtigt.

Schwierigkeiten ergeben sich dagegen bei der Argumentation mit Joh 6,51-58. Eine ‚realistische' Interpretation der Stelle ist nicht zwingend. Auf dem Boden alttestamentlich-jüdischen Denkens bezeichnet „Fleisch" (6,51) nicht eine Substanz, sondern ein Ereignis: Jesus hat sein Fleisch für das Leben der Welt dahingegeben. Die protestantischen Bedenken gegen eine Auslegung im Sinne eines *pharmakon athanasias* werden andererseits dem orthodoxen Denken nicht ganz gerecht, weil sie einer westlichen

---

[8]) Ferdinand Hahn: Herrengedächtnis und Herrenmahl bei Paulus, LitJb 32, 1982, 166-177, hier 174.

Fragestellung entspringen (Sakramente als isolierte kausale Gnadenmittel). Unter der Voraussetzung, daß nicht eine sachhafte Wandlung der Elemente, sondern Anamnese (Gedächtnis) und Vergegenwärtigung Christi zentral ist, können orthodoxe Theologen den ignatianischen Begriff "Medizin der Unsterblichkeit" — „Unterpfand des ewigen Lebens" in Nr. 2 — so auslegen: „Die Eucharistie vermittelt nicht die göttliche Gnade als eine Art Macht, die sich vom Kreuz herleitet und durch einen sakramentalen ‚Kanal' weiterfließt, sie nimmt uns vielmehr in das echatologische Gedenken Gottes an Christus hinein, in dem wir auch sicher sind, daß unser gedacht wird; d. h. auch wir werden nicht einfach vergehen, sondern das ewige Leben haben"[9]).

II. Der Begriff Eucharistie

Im Gespräch über das Herrenmahl gilt es zunächst, sich auf eine von allen akzeptierte Bezeichnung zu einigen. Nr. 1 zählt eine Reihe von Bezeichnungen auf: Herren- bzw. Abendmahl, Brechen des Brotes, Heilige Kommunion, Göttliche Liturgie, Messe. Die protestantische Bezeichnung „Abendmahl" entstammt der lutherischen Übersetzung von 1 Kor 11,20-26 und Lk 22,20[10]). Die evangelischen Kirchen können auf den Begriff heute umso leichter verzichten, als sich der Anspruch der Reformation, mit ihrem Abendmahl das letzte Mahl Jesu wiederhergestellt zu haben, exegetisch nicht ohne weiteres erhärten läßt (s. u.). Es wäre freilich sinnvoller gewesen, sich in Lima auf den biblisch klar bezeugten Begriff „Herrenmahl" zu einigen, wie es die katholisch/lutherische Kommission in ihrer Studie von 1978 getan hat.

Rein exegetisch betrachtet hebt die Bezeichnung „Eucharistie" gerade das Element des Mahlgeschehens hervor, das am wenigsten spezifisch erscheint: die jüdische Danksagung *(berakah)*, die Jesus über Brot und Wein vollzieht. Doch sind weiterreichende Zusammenhänge zu

---

[9]) Zizioulas aaO. 176.

[10]) Vgl. Hans Geißer: Das Abendmahl nach den lutherischen Bekenntnisschriften, ÖR. B 31, 1977, 119-149, hier 119f.

berücksichtigen, wenn Nr. 3 im Anschluß an orthodoxes Denken das Herrenmahl als „die große Danksagung an den Vater für alles, was er in Schöpfung, Erlösung und Heiligung vollbracht hat, für alles, was er heute ... vollbringt, für alles, was er vollbringen wird ...," beschreibt. Für die orthodoxe Haltung gilt: „Im Danken geschehen Gottes Taten an den Menschen"[11]). Darum ist diskursiv-begriffliches Denken der ostkirchlichen Eucharistie nicht angemessen. Die eigentliche Theologie ist hier das Danken für Gottes Heilstaten, in welchem sich die Wirklichkeit Gottes ursprünglich erschließt und zu dem alles Denken zurückkehren muß[12]). Evangelische Kirchen, die gewohnt sind, das Herrenmahl vorrangig in der Kategorie des göttlichen Zuspruchs zu deuten, werden zunächst nicht einfach nachvollziehen können, daß die Eucharistie als ein danksagendes Handeln der Kirche erscheint. Ehe dazu aber kritische Fragen gestellt werden, wäre das hinter den Differenzen greifbare Wirklichkeitsverständnis zu reflektieren. (Deutschen Lesern könnte die Erinnerung hilfreich sein, welche Rolle bei dem griechisch empfindenden Hölderlin der „Dank" spielt.) Immerhin hat man auf dem Weg von Accra nach Lima den Begriff „eucharistisches Denken" (Accra-Text Nr. 2) zurückgezogen. Auch im Gebrauch des Wortes „sakramental" ist man zurückhaltender geworden: die Eucharistie ist „zentraler Akt des Gottesdienstes" (Lima-Erklärung Nr. 1), nicht mehr „Höhepunkt sakramentalen Lebens der Kirche" (Accra-Text Nr. 1).

III. Die Einsetzung des Herrenmahls

In den kontroverstheologischen Beiträgen der evangelischen Theologie konnte man früher der These begegnen, nur Taufe und Abendmahl seien von Christus eingesetzt worden und darum als Sakramente anzusehen. Diese These ist nach heutiger exegetischer Einsicht fragwürdig. Was man bei dem neutestamentlich greifbaren Herrenmahl als

[11]) Rudolf Schneider: Vom Wesen der ostkirchlichen Eucharistie, in Die Ostkirche und die russische Christenheit, Tübingen 1949, 145.
[12]) Ulrich Kühn: Art. Abendmahl IV. Das Abendmahlsgespräch in der ökumenischen Theologie der Gegenwart, TRE 1, 183.

dessen „Stiftung" bezeichnen könnte, hat sich historisch als ein zeitlicher Prozeß vollzogen.

Mit diesem Sachverhalt hat die römisch-katholische Kirche weniger Probleme. Karl Rahner hat mit seiner These von der Kirche als „Ursakrament" eine spekulative Lösung der Einsetzungsfrage vorgelegt. Er bezeichnet Christus als das „sakramentale Urwort der endgültigen Gnade", die Kirche als das „Ursakrament" dieses Christus und die Sakramente des Kultes als „Selbstvollzüge" dieser ursakramentalen Kirche. Damit ist die ganze Begründungsproblematik von der historischen auf die ekklesiologische Ebene verschoben. Es genügt der Nachweis, daß die Kirche als ontologischer Ursprungspunkt der Sakramente eine wirkliche Stiftung Jesu Christi ist, um die sieben von der Kirche praktizierten „Grundakte" als Sakramente Christi bestimmen zu dürfen. Damit hebt sich die Schwierigkeit, für die einzelnen Sakramente ein neutestamentliches Stiftungswort zu finden und die Entstehung aller sakramentalen Riten von der apostolischen Kirche aus zu datieren. Es genügt, daß sie von einer bestimmten Zeit an explizit als „Selbstvollzüge der Kirche in entscheidenden Heilssituationen" verstanden würden[13]).

Evangelischer Theologie ist dieser Weg verschlossen. Sie muß sich aber auch einem Verfahren versagen, das Joachim Jeremias am radikalsten praktiziert hat: in historischer Rückfrage das Gesicherte, die *ipsissima verba* (und *acta*) Jesu, zu eruieren und ihm dogmatischen Rang zuzugestehen. Nicht daß die historische Frage gestellt wird, ist der kritische Punkt, sondern die theologische Wertung ihres Ergebnisses: was eindeutig auf Jesus selbst zurückgeführt werden kann, soll Autorität und Verbindlichkeit besitzen. Dies geht nur, wenn man die historische Frage mit der dogmatischen Inkarnationschristologie verquickt. Jeremias glaubt, die historische Frage mit aufklärerischer Radikalität stellen zu können, um sie gleichzeitig in voraufklärerischer Naivität mit dem traditionellen christologischen Dogma zu verbinden[14]).

---

[13]) Vgl. die Darstellung bei Alexandre Ganoczy: Einführung in die katholische Sakramentenlehre, Darmstadt 1979, 37f.

[14]) Helmut Feld: Das Verständnis des Abendmahls, Darmstadt 1976, 16.

Welcher Weg bleibt übrig, wenn die Frage der Einsetzung des Herrenmahls weder ekklesiologisch noch historistisch gelöst werden kann? Einmal ist auszugehen von der historisch nachweisbaren Tatsache, daß die nachösterliche Gemeinde von Anfang an das Herrenmahl feiert, indem sie sich auf die Mahlpraxis des irdischen Jesus beruft und der Nähe des erhöhten Herrn gewiß ist. Zum andern ist der sachliche Gehalt des Herrenmahls als Verdeutlichung und Zuwendung des in Christus ergangenen Heilswortes Gottes zu reflektieren. In dem, was wir die „Stiftung" des Herrenmahls nennen, läge dann ein ähnliches Verhältnis von Kontinuität und Diskontinuität vor wie in dem Verhältnis des Christuskerygmas zur Verkündigung des vorösterlichen Jesus: die nachösterliche Gemeinde hat, sofern sie „im Licht der Auferstehung und in Ermächtigung durch den Geist" die Mahlfeiern Jesu, speziell sein Todesmahl mit den Jüngern in neuer Weise fortsetzte, in dem Mahl Jesu „mit Recht einen die Kirche verpflichtenden Stiftungsvorgang ihres Herrn gesehen"[15]). Ein Verständnis des neutestamentlichen Herrenmahls erschließt sich darum nicht, wenn man den Zugang ausschließlich von den überlieferten Deuteworten Jesu her sucht, wie es noch in den Arnoldshainer Abendmahlsthesen und ihren Erläuterungen geschieht.

Die Lima-Erklärung trägt dem Rechnung, indem sie die Frage der Einsetzung des Herrenmahls nicht aus den Deuteworten allein, sondern in einem dreifachen Bezug angeht: sie verweist auf die Mahlzeiten des irdischen Jesus, sein letztes Mahl und die Erfahrung der Gegenwart des Auferstandenen beim Brechen des Brotes. Der sogenannte Wiederholungsbefehl, der sich historisch mit der eschatologischen Naherwartung des vorösterlichen Jesus stößt, ist nur auf die eben beschriebene Weise interpretierbar. Spuren der exegetischen Problematik finden sich in der Lima-Erklärung in der sprachlichen Differenzierung zwischen dem „von Jesus gefeierten letzten Mahl" und dem „Mahl

---

[15]) Kühn aaO. 200; ders.: Das Abendmahl — Eucharistie der Gemeinde Jesu. Zum ekklesiologischen Ansatz des Abendmahlsverständnisses, KuD 25, 1979, 289-302, hier 301.

des Neuen Bundes, das Christus seinen Jüngern gab zum Gedächtnis (anamnesis) seines Todes und seiner Auferstehung, als Vorwegnahme des Hochzeitsmahls des Lammes" (Nr. 1).

IV. Der Opfergedanke

Der evangelisch/katholische Dialog über das Herrenmahl war bislang weitgehend in der ‚westlichen' Problemstellung des 16. Jahrhunderts befangen und konzentrierte sich auf die Einzelthemen „Transsubstantiation" und „Opfer". Das Auseinanderfallen dieser beiden Aspekte ist abendländisches Erbe. Drastisch dokumentierte es sich im Konzil von Trient, wo die Fragen der eucharistischen Gegenwart Christi und das Meßopfer unabhängig voneinander im zeitlichen Abstand von elf Jahren verhandelt wurden.

Demgegenüber bietet die orthodoxe Tradition wichtige Hilfen für eine ganzheitliche Auffassung der Eucharistie. Bereits die Konzentration auf die Vergegenwärtigung des Kreuzesopfers ist ihr fremd. Für sie ist die Eucharistie ein umfassendes Dankes-, Heilsvergegenwärtigungs- und Gemeinschaftsgeschehen[16]), das sich durch anamnesis und epiklesis ereignet. Angesichts der evangelisch/katholischen Kontroverse der Reformationszeit können orthodoxe Theologen urteilen: „Die Tragödie war, daß keiner von beiden den biblischen Begriff des *Sikkaron,* der Anamnese, als Darstellung und Darbringung zu Rate gezogen hat. Denn das hätte ihnen die Möglichkeit gegeben, sich einen neuen Horizont zu erschließen"[17]). Im neueren Abendmahlsgespräch der Ökumene hat sich das hier angedeutete Verständnis der „Anamnese" sehr rasch durchgesetzt. In der Lima-Erklärung ist es geradezu der Schlüssel zu einer Sicht, die den sakramentalen (Gegenwart Christi) und den sakrifiziellen Aspekt (Opfer) wieder vereinigt.

---

[16]) Kühn, TRE 1, 188.

[17]) Erzbischof Aleksij: Einführung und Erläuterung zu eucharistischen Texten der Russ. Orth. Kirche und der EKD, ÖR. B 34, 1979, 105-126, hier 125.

Die bisherigen Lösungen auf katholischer und reformatorischer Seite lassen sich in aller Kürze so skizzieren: Die Frage der Vergegenwärtigung Christi wird vom Tridentinum mit Hilfe der Transsubstantiationslehre (Realpräsenz von Leib und Blut Christi) beantwortet. Dadurch werden Brot und Wein zu Opfergaben, die der Priester nach der Wandlung darbringt. Der Gedanke einer rituellen Sachgabe ist aber nach der christologisch begründeten Kultkritik des Hebräerbriefs nur schwer nachzuvollziehen und verstellt den neutestamentlichen Opferbegriff der personalen Selbsthingabe Jesu[18]). Die Reformation hatte dieses Meßopfer und die mit ihm verbundenen Mißstände vor Augen und sah sich dadurch zu den bekannten scharfen Verurteilungen veranlaßt. Sie betonte im gottesdienstlichen Geschehen nachdrücklich die heilshafte, katabatische (absteigende) Richtung von Gott auf den Menschen hin und schied die anabatischen (aufsteigenden) Kategorien so weit aus, daß von der kultischen Darbringung nur das antwortende Lobopfer des Glaubens und der Liebe übrig blieb.

Orthodoxes Denken empfindet die westliche Frage nach dem Verhältnis von Golgathaopfer und eucharistischem Opfer als unsachgemäß. Die Gegenwart des Geopferten gründet weder in einem bloß subjektiven Gedenken der Gläubigen noch in einer Gegenwärtigsetzung durch einen kirchlich-priesterlichen Akt. Alles, was der Liturg tut, ist daß er nach der Verheißung und Weisung Christi die Anamnese seines Opferweges vollzieht. Seine Gegenwart ist Gabe der Trinität im Heiligen Geist, als dessen Anrufung die Eucharistie begangen wird (vgl. Nr. 14).

Im Westen wurde diese Sicht in der Mysterientheologie Odo Casels aufgegriffen. Das Mysterium ist „eine heilige kultische Handlung, in der eine Heilstatsache unter dem Ritus Gegenwart wird; indem die Kultgemeinde diesen Ritus vollzieht, nimmt sie an der Heilstat teil und erwirbt sich dadurch das Heil“[19]). Dann kann die Messe kein Opfer

---

[18]) Vgl. Theodor Schneider: Deinen Tod verkünden wir, Düsseldorf 1980, 215ff.

[19]) Odo Casel: Das christliche Kultmysterium, Regensburg 4. Aufl. 1960, 79.

in sich sein, neben oder zusätzlich zum Kreuz, sondern nur die Eröffnung des einen sühnenden Opfers Christi auf die konkrete Gemeinde hin, die Zuwendung der Hingabe Christi an die Christen in Raum und Zeit.

Auf evangelischer Seite hat Max Thurian den Begriff des Memorial (vgl. Nr. 5) in die Diskussion eingeführt. Im Sinne des alttestamentlichen *sikkaron* (Gedächtnis) ist das bewahrende Weitersagen des vergangenen Geschehens untrennbar verbunden mit dem aktuellen Wirklichkeitsbezug jenes Geschehens; es ist Eintreten in die Erfahrungswirklichkeit der Väter[20]). „Tut dies zu meinem Gedächtnis" kann dann umschrieben werden: „Tut dies, daß mein Opfer unter euch gegenwärtig sei und mein Vater meiner um euretwillen gedenke."

Wiederum ist es die orthodoxe Theologie, die einer Fixierung des Memorials auf ein vergangenes Heilsereignis entgegentritt und die echatologische Perspektive (vgl. Nr. 6, 7) einbringt: „Die Eucharistie als Anamnese wurzelt nicht in der Vergangenheit — im Kreuz Christi —, sondern in der Zukunft, in der Auferstehung und im kommenden Reich! ... In der Eucharistie setzt die Kirche den eschatologischen Rahmen, in dem der Heilstaten Gottes, mit vor allem dem Opfer Christi, von Gott ‚gedacht' werden" [soll wohl heißen: „wird"][21]).

Was so von verschiedenen Seiten theologisch erarbeitet wurde, faßt die Lima-Erklärung in Nr. 5 bis 13 („Die Eucharistie als Anamnese oder Gedächtnis [Memorial] Christi") zu einer ganzheitlichen Schau zusammen, welche die im Abendland auseinandergefallenen Aspekte des *sacramentum* (Gegenwart) und des *sacrificium* (Opfer) wieder zusammenbindet. Das Verhältnis beider wäre im Sinne der Lima-Erklärung so zu bestimmen: Die Eucharistie ist Gabe (Nr. 1). Doch ist nicht eigentlich die Gegenwart Christi die Gabe — zu einem eigenen Problem wurde sie ja erst im westlichen Mittelalter in der Wende von Platon zu Aristoteles —, sondern umgekehrt: weil die Eucharistie an der Gabe Anteil gibt, deren Gedächtnis sie

---

[20]) Schneider a.a.O. 246.
[21]) Zizioulas a.a.O. 176.

ist, darum impliziert sie Gegenwart. „Die Eucharistie ist vor allem das Sakrament der Gabe, die Gott uns in Jesus Christus durch die Kraft des Heiligen Geistes schenkt“ (Nr. 2).

Die evangelischen Kirchen werden dankbar anerkennen, daß sich durch den orthodoxen Beitrag der westliche Dialog der katholischen Kirche und der Reformationskirchen um weiterführende Perspektiven bereichert. Andererseits ergeben sich zwangsläufig Rückfragen. Sie betreffen einmal das Verständnis der Anamnese, sodann den Opfergedanken (den wir bis jetzt zurückgestellt haben).

Die neutestamentliche Exegese macht z. B. geltend, daß das Stichwort „anamnesis“ in den Herrenmahltexten keine ausreichende Basis für eine Repristinierung priesterlich-kultischen Denkens abgebe. „‚Anamnesis‘ meint in den eucharistischen Texten ..., daß die Gemeinde vor Gott in ihrer Verkündigung auf den Sühntod Jesu verweist und damit gleichzeitig Gott bittet, die diesem Sühntod entsprechende Enderlösung in Gestalt der Parusie heraufzuführen“[22]).

Als exegetisch ungesichert und sachlich bedenklich erscheint manchen evangelischen Beurteilern auch die Ausweitung der Anamnese über Kreuz und Auferstehung hinaus zu einem Gedächtnis des gesamten göttlichen Heilshandelns an dieser Welt (Nr. 6 bis 8). So sieht eine lutherische Stellungnahme zum Accra-Text die Einzigartigkeit der eucharistischen Gegenwart Christi mit Hilfe des Begriffs der Anamnese allgemein-heilsgeschichtlich eingeebnet. Damit berührt sich das weitere Argument, daß die Gegenwart seines Leibes und Blutes in Brot und Wein durch die Anamnese aktualistisch verflüchtigt zu werden drohe[23]). Es ist interessant zu sehen, wie hier für eine

---

[22]) Diskussionsvotum von Peter Stuhlmacher beim Arnoldshainer Gespräch, ÖR. B 34, 214.

[23]) So die Stellungnahmen der Evangelisch-lutherischen Landeskirche Sachsens und der bayerischen Landeskirche. Vgl. dazu Reinhard Slenczka: Die ‚Vereinbarten Erklärungen‘ der Kommission für Glauben und Kirchenverfassung zu Taufe, Eucharistie und Amt und ihre Aufnahme in der EKD, in Die Hoffnung auf die Zukunft der Menschheit unter der Verheißung Gottes. ÖR. B 41, 1981, 150-159.

betont lutherische Position orthodoxes Denken, das dem Geistgeschehen Raum gibt, in die Nähe der calvinistischen Abendmahlslehre rückt.

Bisher war von der wirksamen Vergegenwärtigung des Opfers Christi in der Anamnese (und Epiklese) die Rede. Kann man daraufhin die Eucharistie selbst ein Opfer nennen, das die Kirche darbringt, wie es in katholischer und orthodoxer Theologie gelehrt wird? Und in welchem Sinne besitzt das eucharistische Opfer Sühnecharakter?

In der letzten Frage hat man in Lima keine Einigung erzielen können. Die Erklärung hält aber den Begriff des Memorials für geeignet, eine Konvergenz zu ermöglichen, in der die historischen Kontroversen über das Meßopfer einem Verständnis der Gründe für Zustimmung oder Verwerfung in den jeweils anderen Kirchen weichen können (Nr. 8 Kommentar). Die hier sich findende Aussage, daß (nach katholischem Verständnis) das einmalige Sühnopfer Christi am Kreuz in der Eucharistie vergegenwärtigt und fürbittend vor den Vater gebracht wird, begegnet im Text so nicht mehr; sie ist hier zu der Formulierung ermäßigt, daß die Kirche, indem sie Gottes Taten in Erinnerung ruft, ihn bittet, die Früchte dieser Taten jedem Menschen zu schenken, und daß sie diese Fürbitte in Gemeinschaft mit Christus darbringt (Nr. 8, vgl. Nr. 4).

So entspricht es der orthodoxen Tradition, die zwar auch die Eucharistie verstehen kann als „ein unblutiges Opfer der Christen, in dem Christus sich selbst unter Lobpreis und Dank der Kirche mit seinem allerreinsten Leib und Blut darbringt“, sogar als ein „Sühnopfer, das für alle dargebracht wird, die gottesfürchtig leben und (gottesfürchtig) entschlafen sind für ihre Rettung und zur Vergebung der Sünden“[24]), — in der Deutung des Tuns der Kirche aber nicht eigentlich über die Fürbitte hianusgeht. Die Anamnese ist ein Gott dargebrachtes Unterpfand, um ihm seine Verheißung in Erinnerung zu bringen[25]). In der Lima-Liturgie ist der Gedanke so ausgeführt: „United in Christ's priesthood, we present to you this memorial:

---

[24]) Thesen I, 2 und III, 5 in ÖR. B 34, 1979, 47.51.

[25]) Erzbischof Aleksij aaO. 125.

Remember the sacrifice of your Son and grant to people everywhere the benefits of Christ's redemptive work" (dt. Fassung: „Vereint in Christi Priestertum bringen wir Dir dieses Gedächtnis dar: Gedenke des Opfers Deines Sohnes und gewähre den Menschen überall die Wohltaten von Christi erlösendem Werk").

Ob sich evangelische Kirchen diese Interpretation des eucharistischen Opfers ganz zueigen machen können, läßt sich erst sinnvoll fragen, wenn man den gemeinsamen Weg ins Auge faßt, der bisher im ökumenischen Dialog über die Opferproblematik zurückgelegt werden konnte. Zwei Dinge sind hier wichtig: die Wiedergewinnung eines personalen Opferverständnisses für das Neue Testament und die Überwindung einer falschen Alternative hinsichtlich der Unterscheidung „katabatisch-anabatisch".

Katholische Theologie hat bisher das Kreuzesopfer Jesu wie das Meßopfer als Kultopfer verstanden, zu dem freilich eine innere religiöse Opfereinstellung erforderlich ist. In der neueren Diskussion verschieben sich die Akzente zugunsten einer personalen Auffassung, derzufolge die Hingabe Jesu „primär nicht opferkulttechnisch ..., sondern martyrologisch von der Ganzhingabe der Person zu verstehen" ist[26]. Jesus, der sich selbst hingebende Mensch, ist der wahre Kult und die wahre Verherrlichung Gottes, indem er sich für die Menschen dem Vater ausliefert. Reformatorische Christologie hat dagegen aus ihrem Interesse an der Souveränität der Gnade Gottes der Menschheit Christi im Erlösungsvorgang keine direkte Mitwirkung zugeschrieben. Wenn es ihr gelänge, Christus als neuen Adam und Haupt der vielen zu würdigen, die sein Leib sind und sich in seine Hingabe hineinnehmen lassen, könnte sich ein vertretbarer Sinn der Vorstellung eines Mitopferns der Kirche mit Christus abzeichnen: „An dieser Hingabe als an seinem ganzen Weg gibt Jesus im Abendmahl wirksamen Anteil. Damit werden die das Abendmahl Feiernden hineingenommen in die totale Hin-

---

[26]) Johannes Betz: Die Eucharistie in der Zeit der griechischen Väter II/1, Freiburg 2. Aufl. 1964, 40.

gabe Jesu an Gott (kultisches Moment) und in seine Hingabe an die Menschen (Sprengung des Kultischen)"[27]).

Evangelische Theologie hat ein unbefangeneres Verhältnis zum Opferbegriff gewonnen und dem Umstand Beachtung geschenkt, daß im Neuen Testament die Existenz der Christen in einer spezifischen Weise mit dem Opfer Jesu Christi verbunden erscheint (Röm 6,4; 2 Kor 4,10; Gal 2,20). Paulus nennt (Röm 15,16) die Menschen die Opfergabe, die durch seinen Verkündigungsdienst Gott dargebracht wird: sie werden in Christus eingegliedert, um an seinem Schicksal Anteil zu gewinnen und sich selbst als lebendiges Opfer darzubringen (Röm 12,1). Eine starre Antithese des „Katabatischen" und „Anabatischen" würde den Zusammenhang verkürzen. Sie trifft schon für das Opfer im Alten Testament nicht zu. Die Glaubenden sind einerseits in die katabatische Linie einbezogen, sofern die Eingliederung in den Leib Christi auf Dienst in der Welt zielt. Andererseits ist ihre glaubende Bereitschaft Hingabe an Gott und darin Teilhabe an der Selbsthingabe Jesu an den Vater[28]).

Der Gedanke der in das Opfer Christi eingeschlossenen Selbsthingabe der Glaubenden (den noch das Tridentinum als uneigentliche Rede vom Opfer abwies) hat in den neuen Hochgebeten des römischen Meßkanons wie auch — an sie anschließend — in der Lima-Liturgie deutlichen Ausdruck gefunden. Auch im orthodoxen Verständnis der Anamnese ereignet sich die Gegenwart der Heilsgeschichte und speziell des Opfers Christi so, daß dies sofort als Teilnahme der Kirche in der Weise der Begegnung, des Empfangens und der Einbeziehung in die Ganzhingabe Christi zu sehen ist: die Gläubigen empfangen nicht nur den Leib Christi, sondern treten zugleich mit ihm in eine aktive Einheit, d. h. sie werden eingepflanzt in den hingegebenen und verherrlichten Leib des Herrn und bringen aus dieser Einheit Früchte zur Verherrlichung des Vaters[29]). Dieser Zusammenhang war auch Luther und Calvin nicht fremd:

---

[27]) Kühn aaO. 201.

[28]) Schneider aaO. 203.221.

[29]) Kühn aaO. 184f; Gerasimos Saphiris: Die Eucharistie als Sacrificium und Commemoratio, in Eucharistie — Zeichen der Einheit, Regensburg 1970, 67-74, hier 73.

„Aus welchen Worten [Ps 110,4; Hebr 9,24; 13,15; Röm 8,34] wir lernen, daß wir nicht Christum, sondern Christus uns opfert, und nach der Weise ist es leidlich, ja nützlich, daß wir die Messe ein Opfer heißen, nicht um ihretwillen, sondern daß wir uns mit Christo opfern, das ist, daß wir uns aus Christum legen mit einem festen Glauben seines Testaments und nicht anders mit unserem Gebet, Lob und Opfer vor Gott erscheinen denn durch ihn und sein Mittel... Solcher Glaube fürwahr macht, daß Christus sich unser annimmt, uns selbst, unser Gebet und Lob vorträgt und sich selbst auch für uns dargibt im Himmel. Wo man so die Messe ein Opfer heißen und verstehen würde, wäre es wohl recht. Nicht daß wir das Sakrament opfern, sondern daß wir durch unser Loben, Beten und Opfern ihn reizen, Ursach geben, daß er sich selbst für uns im Himmel und uns mit ihm opfere." (Luther WA 6, 369)

„Ohne die Opfer dieser Art [Dankopfer im Unterschied vom einmaligen Sühnopfer] kann das Mahl des Herrn nicht sein; denn wenn wir in diesem Mahle ‚seinen Tod verkündigen' (1 Kor 11,26) und unsere Danksagung kund werden lassen, so tun wir nichts anderes, als daß wir ein solches Lobopfer darbringen. Auf Grund dieses Opferamtes werden wir Christen alle ein ‚königliches Priestertum' genannt (1 Petr 2,9), weil wir Gott durch Christus jene Opfergabe des Lobes darbringen, von der der Apostel spricht, nämlich ‚die Frucht der Lippen, die seinen Namen bekennen' (Hebr 13,15). Denn wir erscheinen mit unseren Gaben nicht ohne den vor Gottes Angesicht, der für uns eintritt. Christus ist es, der als Mittler für uns eintritt, und in ihm bringen wir uns selber und unsere Gaben dem Vater dar. Er ist unser Hoherpriester, der in das Allerheiligste des Himmels eingegangen ist und uns den Zugang eröffnet. Er ist der Altar, auf dem wir unsere Gaben niederlegen, so daß wir alles, was wir wagen, in ihm wagen." (Calvin Inst. IV 18, 17).

In dieser Perspektive können die evangelische Rechtfertigungslehre und die eucharistische Opfertheologie der Ostkirche in eine Parallele zueinander treten. In Christus kann das christliche Leben einen Opfersinn bekommen, der nicht mehr von der Möglichkeit der eigenen Leistung und der Werkgerechtigkeit bedroht ist, wobei der Opfergedanke die Weltbezogenheit des Glaubenden vor Gott deutlicher aussagt als die Rechtfertigungsformel in ihrem landläufigen Verständnis. „Das Opfer Christi wird nie unser Opfer ... Aber die Gerechtigkeit Gottes durch die Herrschaft des Gekreuzigten macht nicht nur glaubende Sünder gerecht, sondern gliedert auch die Gerechtigkeit der Glaubenden in Seine Gerechtigkeit ein, ihr Opfer in das Opfer Seines Sohnes. Deshalb können wir in ... den orthodoxen Gottesdiensten mitbeten." [30])

Man kann insofern tatsächlich von einer Konvergenz sprechen, in der sich ein positives Verständnis der jeweiligen anderen christlichen Tradition (Nr. 8 Kommentar, Nr. 33) anbahnt. Die fremde Aussage erscheint in die eigene übersetzbar. Heißt dies aber, daß sie damit auch als eine verbindliche Sprachform für alle anzusehen ist?

Die evangelischen Kirchen werden nicht einfach von der exegetischen Einsicht abrücken können, daß im Neuen Testament die Heilsbedeutung Jesu in sehr verschiedenen Terminologien zur Sprache gebracht wird. Die Opferterminologie ist nur eine unter vielen, und auch sie wird von der Sache her paradox gesprengt. Ebensowenig läßt sich eine unmittelbare Verbindung des Opfergedankens mit der Herrenmahltradition aufzeigen, wenn man einmal davon absieht, daß mit der Feier Anamnese, Verkündigung (1 Kor 11,26) des Todes Jesu erfolgt. So sehr man evangelischerseits einräumen kann, daß sich auf dem Wege einer spezifisch östlichen Exegese als respektable Möglichkeit ein Verständnis ergibt, wonach die Gemeinde in der Feier der Eucharistie das Mysterium ihrer eigenen Aufopferung und Hingabe erfährt, so wird man doch kritische Rückfragen stellen müssen, wenn orthodoxe Theologen dieser Interpretation einen ähnlichen Status zuschreiben wollen wie dem trinitarischen Dogma, das ebenfalls nicht buchstäblich bezeugt und gleichwohl zwingende Konsequenz des neutestamentlichen Zeugnisses sei[31]).

---

[30]) Georg Kretschmar: Opfer Christi und Opfer der Christen in den eucharistischen Texten der Russ. Orth. Kirche und aus der EKD, ÖR. B. 34, 1979, 56-75, hier 75.

[31]) Diskussionsvotum von Vitalij Borovoj in ÖR. B 34, 1979, 219f.

Wenn Nr. 7 die Anamnese als „die wirksame Verkündigung der Kirche (the Church's effective proclamation) von Gottes großen Taten und Verheißungen" versteht, so ist dem nur zuzustimmen, wenn die gleiche ‚Effektivität' auch dem Wort der Verkündigung zugestanden wird, welche den Hörer zwar weniger sinnfällig, aber nicht weniger real in den Zusammenhang der Heilswirklichkeit hineinnimmt. Vor allem müßten Formulierungen vermieden werden, die den Anschein erwecken, als werde Gottes Heilstat erst auf die Fürbitte der Kirche hin für die Menschen fruchtbar und wirksam. Nr. 8 kann für evangelisches Verständnis nur ein Grenzgedanke sein.

Darum erheben sich auch Bedenken, wenn Max Thurian die Lima-Erklärung so interpretiert, daß die Eucharistie „heute für alle Menschen die Zuwendung des Heils vollzieht" (carrying out today for all men the application of salvation) und daß, obwohl die Erlösung objektiv am Kreuz vollbracht ist, „es der Kirche als dem Leib Christi aufgetragen ist, das Werkzeug der Zuwendung der Erlösungsgnaden an jedermann zu sein" (it remains for the Church, the Body of Christ, to be the instrument for the application to each and all of the graces of salvation)[32]. Über Verkündigung und Fürbitte hinaus kann es für evangelisches Verständnis kein ‚applizierendes' Handeln der Kirche in der Eucharistie geben. Dies bleibt auch ein Vorbehalt gegen die lehramtliche Meßopfertheologie, derzufolge der Priester einen wirklichen sühnenden Opferakt vollzieht[33], der sein Priestertum vom Priestertum aller Gläubigen „dem Wesen und nicht bloß dem Grade nach" unterscheidet[34].

V. Die Gegenwart Christi

Das Wesentliche hierzu ist bei der Darstellung der Anamnese schon gesagt worden. Dennoch hat man die Frage der Gegenwart Christi in Lima eigens thematisiert,

---

[32]) Thurian aaO. 7-10.

[33]) Vgl. etwa Johannes Paul II.: Schreiben an alle Bischöfe der Kirche „Über das Geheimnis der Verehrung der heiligsten Eucharistie" vom 24. 2. 1980, Nr. 9.

[34]) Zweites Vatikanisches Konzil, „Lumen gentium" Nr. 10.

um im Kontakt mit der ‚westlichen' Problemstellung zu bleiben und die spezifisch katholische Frage der eucharistischen Verehrung zu behandeln. Nr. 13 verzeichnet Konvergenz darüber, daß die Kirche „Christi reale, lebendige und handelnde Gegenwart in der Eucharistie" bekennt. Ob und wie diese Gegenwart mit den eucharistischen Elementen zu verbinden sei, hat man offen lassen müssen; die Kirchen müssen selbst entscheiden, ob die unterschiedlichen Auffassungen innerhalb der im Text formulierten Konvergenz Raum finden können (Nr. 13 Kommentar, Nr. 15 Kommentar). Doch scheint eine Entscheidung zugunsten einer ‚realistischen' Abendmahlsauffassung getroffen, wenn das Herrenmahl betont als „das Sakrament des Leibes und Blutes Christi, das Sakrament seiner wirklichen Gegenwart (Realpräsenz)" bezeichnet wird (Nr. 13).

Ob damit das neutestamentliche Zeugnis richtig interpretiert ist, ist zumindest für Paulus, aber vielleicht auch für Johannes fraglich (s. o.): der neutestamentliche ‚Abendmahlsrealismus' besteht darin, daß das Mahl nicht bloß Erinnerungszeichen des abwesenden Herrn ist, sondern daß sich in ihm die Begegnung mit Christus, das Beansprucht- und Beschenktwerden durch ihn vollzieht. Über die exegetische Problematik hat man sich in Nr. 13 aber mit einer Verlegenheitsformel hinweggeholfen: „Jesus sagte über dem Brot und dem Wein der Eucharistie: ‚Dies ist mein Leib ... dies ist mein Blut.' Was Christus sprach, ist wahr, und diese Wahrheit wird jedesmal erfüllt, wenn die Eucharistie gefeiert wird".

Diese Lösung, die in einer für kritische Exegese unzulässigen Weise Historisches und Dogmatisches verquickt, hat sich bereits oben im Zusammenhang der Einsetzungsproblematik als unhaltbar erwiesen. Fragwürdig ist auch die Auslegung von 1 Kor 11,29 im letzten Satz von Nr. 13. Paulus hat hier nicht eine Unterscheidung von sakraler und profaner Speise im Auge, sondern spricht primär vom Leib Christi *qua ecclesia,* wie der weitere Kontext und besonders die Nichterwähnung des Blutes (gegen Nr. 13) beweist. Da man an dieser Gemeinschaft des Leibes Christi durch Lieblosigkeit schuldig wird, ließe sich ebenso gut oder sogar besser sagen, daß es die Liebe (als konkrete Gestalt des Glaubens) ist, die den Leib Christi unterscheidet.

Für die evangelischen Kirchen besitzt die Frage, wie die Gegenwart Christi im Herrenmahl genauer zu denken sei, nicht das gleiche Gewicht wie die Frage des Opfers. Wesentlich ist, daß die Rede von Leib und Blut Christi nicht besondere Sachen meint, sondern Jesus Christus selbst in seiner Hingabe für die vielen zur Vergebung der Sünden. Als solcher ist er nicht nur im Herrenmahl gegenwärtig. Das Besondere seiner Gegenwart beim Herrenmahl ist lediglich darin zu sehen, daß sie Gegenwart bei einem sichtbaren Mahlvorgang ist. „Das Mahl als kommunikativ-wirksames Symbolhandeln der Gemeinde wird durch Sinn-Stiftung (Transsignifikation bzw. Transfinalisation als Wandlung des *Wesens*) unter dem Gedächtnis der Kirche zum wirksamen Zeichen der Gegenwart Christi in der Gemeinde und für sie sowie seiner Anteilgabe an sich selbst in seinem Hingegebensein“ [35]).

Die Orthodoxie hat zwar unter westlichem Einfluß im 17. Jahrhundert eine Art Transsubstantiationslehre vertreten, sie aber doch immer wieder als eine unangemessene Vergegenständlichung des Geheimnisses verworfen. Nicht die Wandlung der Elemente selbst ist wesentlich, sondern die Herabkunft und Epiphanie des Auferstandenen. Die Wandlung der Elemente ist die unmittelbare dynamische Ausstrahlung dieser persönlichen Gegenwart. Darum ist eine Verehrung der Mahlelemente außerhalb der eucharistischen Liturgie nicht möglich [36]).

Auch für evangelisches Verständnis können Brot und Wein keine selbständige Bedeutung abgesehen vom Mahlvorgang haben. Die im Accra-Text Nr. 34 für die Verständigung mit den Katholiken angebotene dehnbare Formel „Was als Leib und Blut gegeben worden ist, bleibt gegeben als sein Leib und Blut und muß als solches behandelt werden“ ist in Lima nicht mehr aufgenommen worden. Stattdessen wird für mehr Großzügigkeit plädiert: jede Kirche sollte hinsichtlich des Umgangs mit den Elementen die Praxis und die Frömmigkeit der anderen respektieren (Nr. 32). Die Frage der Dauer der eucharistischen Gegen-

---

[35]) Kühn aaO. 202.

[36]) Ernst Benz: Geist und Leben der Ostkirche, München 2. Aufl. 1971, 34f.

wart wird so beantwortet, daß Brot und Wein die sakramentalen Zeichen des Leibes und Blutes Christi werden und dies bleiben für den Zweck der Kommunion (Nr. 15). Darum sollte „die primäre Intention“ der Aufbewahrung der Elemente deren Austeilung an Kranke und bei der Feier Abwesende sein (Nr. 21,32).

Die evangelischen Kirchen sehen hier keine kirchentrennenden Fragen. Dagegen kann es nach der Erklärung der römischen Glaubenskongregation zum anglikanisch/katholischen Dialog an diesem Punkt keine Pluralität von Überzeugungen geben. Sie verpflichtet die katholischen Theologen auf die tridentinische Transsubstantiationslehre und erinnert daran, daß die Anbetung der konsekrierten Hostie Gegenstand einer dogmatischen Definition ist und darum keine sekundäre Frage sein kann.

VI. Anrufung des Geistes

Das Nacheinander von Anamnese und Epiklese im Text spiegelt die Liturgie. Sachlich ist beides nicht zu trennen: Er-innerung der Heilstat Gottes ist nicht ‚machbar‘, sondern nur im heiligen Geist möglich. Daß der Geist die Macht der Vergegenwärtigung Christi ist, fand bisher in den reformatorischen Abendmahlsliturgien keinen deutlichen Ausdruck. Für die lutherische Tradition bestand hier das zusätzliche Hindernis, daß man die reformierte Anschauung als eine Aufweichung der Realpräsenz empfand und darum zwar das Verhältnis von Wort und Geist durchreflektierte, einer tieferen Besinnung auf das Wirken des Geistes im Herrenmahl aber nicht geneigt war[37]).

Im Neuen Testament ist abgesehen von 1 Kor 10,3ff über die Beziehung von Herrenmahl und Geistwirken nichts ausgesagt. In der alten Kirche gibt es die alexandrinische Auffassung, welche die eucharistische Gegenwart als Inkarnationsvorgang denkt, bei dem die zweite Person

---

[37]) Vgl. Georg Kretschmar: Die Eucharistie im liturgischen Vollzug und in der kirchlichen Lehre, in Die Eucharistie. Das Sagorsker Gespräch über das Heilige Abendmahl. Studienheft 8, Bielefeld 1974, 75-119, hier 117.

der Trinität sich mit den Elementen in einer hypostatischen Union vereinigt. Diese Vorstellung einer statischen Wandlung ist im Abendland maßgeblich geworden. Die orthodoxe Auffassung folgte der antiochenischen Schule, für welche die Umwandlung der Elemente nicht in einer ‚Impanation', einer ‚Brotwerdung', des Logos, sondern in einer dynamischen Ankunft, Ergreifung durch den Heiligen Geist besteht[38]). Diese Ergreifung der Gaben gleicht der Inbesitznahme der Christen durch den Geist. Die Bitte um Herabkunft des Geistes wird in der „Epiklese" ausgesprochen, die in den östlichen Liturgien auf die Einsetzungsworte folgt. Doch lehnt die Orthodoxie eine Fixierung des Wandlungsvorgangs auf einen bestimmten Moment (wie z. B. — in der katholischen Tradition — die Rezitation der Einsetzungsworte durch den geweihten Priester) ab. Die ganze Handlung hat „epikletischen" Charakter (Nr. 16). Der Einzug des Auferstandenen setzt in seiner vollen Dynamik vom ersten Augenblick der Liturgie an ein. Die Epiklese ist nur deren höchste Verdichtung.

In der Wiedergewinnung eines epikletischen Verständnisses sieht die Lima-Erklärung eine Möglichkeit, die traditionellen abendländischen Schwierigkeiten hinsichtlich eines bestimmten Konsekrationsmoments zu überwinden (Nr. 14 Kommentar). Auch die reformatorische Abendmahlsliturgie liegt ja noch im Schatten dieser Problematik. Denn nach dem fast völligen Wegfall des altkirchlichen Eucharistiegebets kann die Hervorhebung der Einsetzungsworte leicht als Fortsetzung der mittelalterlichen Konsekrationstheologie mißverstanden werden, obwohl man sie theologisch doch als Zuspruch und Verkündigung auffassen wollte[39]). Dieser Eindruck könnte vermieden werden, wenn die evangelischen Kirchen den Anschluß an die gesamtchristliche eucharistische Tradition finden würden.

Allerdings ist die Rezeption dieser Tradition in ihren verschiedenen Ausprägungen in der Lima-Erklärung nicht voll überzeugend. Einerseits folgt man der auch in der nachkonziliaren katholischen Kirche zeitweise verbreite-

---

[38]) Erzbischof Aleksij aaO. 119f.

[39]) Schmidt-Lauber aaO. 66f.

ten Devise: Je orthodoxer, desto besser. Andererseits stellt man die orthodoxe Tradition aber so in den ‚westlichen' Kontext, daß bestimmte Positionen nicht berührt werden dürfen. In der Lima-Erklärung handelt es sich konkret darum, daß das epikletische Verständnis und die katholische Wandlungslehre in unausgeglichener Spannung zueinander stehen.

Die Epiklese wurde ursprünglich sowohl über der Gemeinschaft wie über Brot und Wein vollzogen (Nr. 14 Kommentar). Der Geist wird etwa bei Hippolyt auf die „Gabe der Kirche" herabgerufen, damit alle, die davon genießen, mit ebendemselben Geist erfüllt werden. Die erbetene Segnung der Gaben ist nicht Selbstzweck noch soll sie die sakramentale Voraussetzung für die sakrifizielle Darbringung schaffen (s. o.), sondern zielt auf die Kommunion [40]). Später fallen Wandlungsepiklese (Gabenepiklese) und Kommunionsepiklese (Personenepiklese) auseinander. Der Westen behält nur die Kommunionsbitte übrig, da man die Wandlung jetzt durch die Rezitation der Einsetzungsworte bewirkt glaubt. Als die katholische Kirche in den neuen Hochgebeten der Messe das epikletische Element verstärkte, blieb sie diesem Konsekrationsverständnis treu, indem sie die Gabenepiklese östlicher Herkunft *vor* die Einsetzungsworte stellte. Die Glaubenskongregation hat im anglikanisch/katholischen Dialog noch einmal bekräftigt, daß allein die Rezitation der *verba testamenti* durch den Priester *in persona Christi* den Wandlungsvorgang bewirkt.

Die Lima-Erklärung wie die Lima-Liturgie haben diese Ausgangslage festgeschrieben. Die These, daß die ganze Handlung epikletischen Charakter habe (Nr. 16), kommt zu spät; sie hätte den ganzen Abschnitt C eröffnen sollen. Für evangelisches Empfinden ist das Werk des Geistes in Nr. 14 zu einseitig auf die Wandlung und den Genuß der Elemente bezogen. Die Gefahr eines magischen Mißver-

---

[40]) Vgl. Karl-Heinrich Bieritz: Oblatio Ecclesiae. Bemerkungen zu den neuen eucharistischen Hochgebeten der römischen Liturgie, ThLZ 94, 242-252. Siehe auch die Analyse bei Gottlob Hild: Beachtliche Liturgiereform im Rahmen der Tradition. Zur verbindlichen Einführung des neuen (Deutschen) Meßbuchs, MdKI 27, 1976, 74-77.

ständnisses (vgl. Nr. 14 Kommentar), als bewirke nun die Epiklese, was bisher die Rezitation der Einsetzungsworte bewirkte, ist nicht deutlich genug abgewehrt. Bei dem anglikanisch/orthodoxen Gespräch in Moskau 1976 haben sich die orthodoxen Partner selbstkritisch diese Frage gestellt und zur Vermeidung von Mißverständnissen erklärt, daß sich mit dem genuinen Verständnis der Heiligung der Elemente eine Theorie einer Konsekrationsformel nicht vertrage; auch die Epiklese sei keine Formel (so die Erläuterung in Thessaloniki 1977), vielmehr sei das Werk des Heiligen Geistes für die Eucharistie wesentlich, gleichgültig ob es ausdrücklich artikuliert wird oder nicht[41]).

Vor allem aber ist man in der Lima-Erklärung (vgl. Nr. 15 und 17) wie in der Lima-Liturgie über die problematische Aufspaltung der Epiklese in Gaben- und Personenepiklese nicht hinausgelangt. Die Epiklese I blickt auf das heilsgeschichtliche Wirken des Geistes und bittet um seine Herabkunft auf die Gaben: „May the outpouring of this Spirit of Fire transfigure this thanksgiving meal that this bread and wine may become for us the body and blood of Christ" („Möge das Ausgießen dieses feurigen Geistes dieses Dankesmahl so verwandeln, daß dieses Brot und dieser Wein für uns zum Leib und Blut Christi werden").

Die Epiklese II enthält eine Bitte um gnädige Annahme und um Hineinnahme der Kommunikanten in den Leib und das Opfer Christi: „Behold, Lord, this eucharist which you yourself gave to the Church and graciously receive it as you accept the offering of your Son whereby we are reinstated in your Covenant. When we shall be fed by Christ's body and blood, fill us with the Holy Spirit that we may be one single body and one single spirit in Christ, a living sacrifice to the praise of your glory" („Blicke, Herr, auf diese Eucharistie, wie Du die Gabe Deines Sohnes annimmst, durch die wir in Deinem Bund wieder aufgenommen werden. Wenn wir Christi Leib und Blut empfangen, erfülle uns mit dem Heiligen Geist, so daß wir ein einziger Leib und ein einziger Geist in Christus werden, ein lebendiges Opfer zum Lobe Deiner Herrlichkeit").

---

[41]) Moskau-Erklärung Nr. 29.30, aaO. 90.92.

Den Gedanken einer ‚Wandlungsepiklese‘, die den Geist auf die Gaben herabfleht, können die evangelischen Kirchen im Rahmen ihrer exegetischen und ontologischen Voraussetzungen nur schwer nachvollziehen. Nach evangelischem Verständnis hätte sich eine ‚Wandlungsepiklese‘ nicht auf die Elemente, sondern auf die Feier des Herrenmahls im Ganzen zu beziehen und würde für sie wie für jeden Gottesdienst erbitten, daß Begegnung mit dem Herrn und Sendung in die Welt durch sie erfolge. Sie wäre dann von der ‚Kommunionsepiklese‘ nicht mehr unterschieden, die das Ziel der Feier, die Hineinnahme der Feiernden in die Hingabe Jesu an Gott und die Menschen zur Sprache bringt. Darin berührt sich die evangelische Auffassung bei allem Trennenden stärker mit der orthodoxen ganzheitlichen Auffassung des liturgischen Mysteriums als mit der lehramtlichen katholischen Wandlungstheologie.

VII. Herrenmahl und Kirche

Auch die Abschnitte Nr. 19 bis 21 („Die Eucharistie als Gemeinschaft [Communio] der Gläubigen“) und Nr. 22 bis 26 („Die Eucharistie als Mahl des Gottesreiches“) verraten deutlich orthodoxen Einfluß. Bereits in der Moskau-Erklärung von 1976 dokumentierte sich eine anglikanisch/orthodoxe Konvergenz im Verständnis der Kirche als eucharistischer Gemeinschaft, die auch von katholischer Seite Zustimmung erfahren hat: sie sei „katholischer“ als die Windsor-Erklärung zwischen Anglikanern und Katholiken[42]). Das Verhältnis von Kirche und Eucharistie ist ein Punkt, an dem der Dissens zwischen den „katholischen“ und den aus der kontinentalen Reformation hervorgegangenen Kirchen konzentriert in Erscheinung tritt.

In der Betonung der sozialen und ethischen Implikationen des Herrenmahls ist man in Lima am leichtesten zu einer Konvergenz vorgestoßen (Nr. 20, 21, 22, 24, 25). Zumindest in der westlichen Tradition überwog bisher die vertikale Dimension. In der tridentinischen Messe tritt der

---

[42]) Irénikon 50, 1977, 76.

Mahlcharakter hinter dem Meßopfer zurück, das evangelische Abendmahl ist im Grunde „eine zusammengelegte Privatkommunion der einzelnen Gläubigen" zum Zweck des Empfangs der Sündenvergebung[43]). Der geistige Aufbruch vom Ende der sechziger Jahre hat auch beim Herrenmahl die horizontale, gesellschaftliche Dimension neu zu Bewußtsein gebracht.

Parallel dazu haben Religionssoziologie und -phänomenologie im Abendmahl das Moment der kultischen Tischgemeinschaft herausgestellt. Nicht die isolierten Abendmahlselemente, sondern das kommunikative Geschehen bekommt durch die Gegenwart und Verheißung Jesu eine neue soteriologische Qualität. Die Mahlgemeinschaft ist nicht bloß Folge, sondern zugleich das ‚Material', an dem und durch das hindurch sich diese Gegenwart ereignet[44]).

Die neutestamentliche Exegese kann diese Sicht klären und gegen Einseitigkeiten sichern helfen. Sie sucht einerseits den Zugang zum Verständnis des Herrenmahls nicht mehr von den Deuteworten allein, sondern von der Mahlpraxis Jesu her. Andererseits hat sie gezeigt, daß im neutestamentlichen Gedanken der *koinonia* die Gemeinschaftskomponente nicht Basis, sondern Konsequenz ist: es geht vorrangig um Anteilhabe an Christus und seinem Heilswerk und — darin eingeschlossen — um Anteilgeben im Blick auf die Brüder. Die Orthodoxie hat im Ökumenischen Rat immer ihre Bedenken gegen ein soziales Engagement erhoben, das nicht aus der geistlichen, und das heißt für sie: aus der eucharistischen Dimension fließt. Die Eucharistie ist der Beginn einer kosmischen Verklärung (vgl. Nr. 4, 22, 23) und die Quelle aller sozialen Aktivität der Christen im Licht des kommenden Reiches. Auch die Kirche ist Gemeinschaft nur, sofern sie eucharistische Gemeinschaft ist.
Diese ‚eucharistische Ekklesiologie' hat sich seit dem Zweiten Vatikanum auch im römisch-katholischen Raum

---

[43]) Jürgen Roloff: Heil als Gemeinschaft. Kommunikative Faktoren im urchristlichen Herrenmahl, in Gottesdienst und Öffentlichkeit. Hamburg 1970, 88-117, hier 88.
[44]) Kühn aaO. 162.

Bahn gebrochen. Während noch das Erste Vatikanische Konzil in einem nicht verabschiedeten Schema von der Kirche reden konnte, ohne ein Wort über die Eucharistie zu verlieren, definiert das Zweite die Kirche als Sakrament und Volk Gottes von der Eucharistie her und auf die Eucharistie hin. Allerdings tritt die eigentlich der Ortsgemeinde zugehörige eucharistische Kategorie bei der Herleitung der Einheit der universalen Kirche aus dem Gesamtepikopat und dem Petrusamt als ihrem sichtbaren Prinzip und Fundament erkennbar zurück[45]).

Dagegen setzt die orthodoxe ‚eucharistische Ekklesiologie' bei Nikolaj N. Afanas'ev entschiedener bei der konkreten eucharistischen Lokalkirche ein. Eine ‚universelle Ekklesiologie', welche die Einheit in einer rechtlich-hierarchischen Struktur sucht, gilt ihr als Abfall und Zerstörung der Mysterien-Struktur der Kirche: die sakramentale Koinonia und die Kirche als Institution dürfen gerade nicht auseinandergerissen werden. Auch Nr. 19 betont die Einheit der an einem Ort in der Eucharistie Versammelten mit der ganzen Kirche.

Die evangelischen Kirchen denken zwar auch von der ‚Gemeinde' als der konkreten Gestalt von ‚Kirche' her, sehen aber Wesen und Einheit der Kirche nicht sakramental, sondern in der Evangeliumsverkündung durch Predigt und Sakrament begründet. Als *creatura verbi* bleibt die Kirche im Abstand des Geschöpfs zum Schöpfer. Das Gespräch mit den orthodoxen Kirchen verläuft an diesem Punkt nicht weniger schwierig als mit der römisch-katholischen Kirche. Die in der anglikanisch/orthodoxen Moskau-Erklärung enthaltene Feststellung: „Die Kirche wird nicht nur auferbaut durch die Eucharistie, sondern ist auch eine Bedingung für sie"[46]) kann jedoch bei entsprechender Interpretation einen auch für die evangelischen Kirchen unaufgebbaren Zusammenhang bewußt machen. Sie kann daran erinnern, daß nur dort das Mahl des Herrn gefeiert wird, wo man einerseits in der Solidarität mit den notleidenden Gliedern steht (vgl. 1 Kor 11,20-22) und

---

[45]) Helmut Riedlinger: Die Eucharistie in der Ekklesiologie des Zweiten Vatikanischen Konzils, in Eucharistie — Zeichen der Einheit, 75-85.
[46]) Moskau-Erklärung Nr. 24, aaO. 89.

andererseits wirklich Gemeinschaft in Christus sucht statt bloß die erlebte Gemeinschaft der je eigenen Gruppe zu demonstrieren. Evangelisches Kirchenverständnis steht immer in Gefahr, Kirche als geheimnisloses Aggregat von Individuen zu sehen, die sich zu einer Gesinnungsgemeinschaft zusammenschließen, und darüber die Dimension des Leibes Christi aus dem Auge zu verlieren.

Nicht Interkommunion zwischen getrennten Kirchen, sondern Kommunion, Koinonia im Mysterium des einen Leibes Christi ist darum der Standpunkt der Orthodoxie, die dementsprechend im ökumenischen Gespräch über Abendmahlsgemeinschaft sich am stärksten zurückhält. Auch in der Lima-Erklärung kommt das Anliegen der Interkommunion nicht so dringlich zur Sprache, wie etwa die evangelischen Kirchen es wünschen möchten. Die Feststellung, daß die Verweigerung von Abendmahlsgemeinschaft zwischen Getauften „die Katholizität der Eucharistie weniger deutlich" werden läßt, findet sich nicht im Text, sondern in der Erklärung (Nr. 19 Kommentar). Im Text selbst begegnet lediglich noch der Hinweis, daß die Trennung der Christen am Tisch des Herrn das missionarische Zeugnis schwächt (Nr. 26). In Nr. 33 wird indirekt zugestanden, daß einige Kirchen die Konvergenzerklärung nicht als eine ausreichende Basis ansehen, um eucharistische Gemeinschaft zu verwirklichen.

Die Frage, wie sich Mahlgemeinschaft und Kirchengemeinschaft zueinander theologisch verhalten, wird in Lima so beantwortet: „Das Teilhaben am einen Brot und gemeinsamen Kelch an einem bestimmten Ort macht deutlich und bewirkt das Einssein der hier Teilhabenden mit Christus und mit den anderen mit ihnen Teilhabenden zu allen Zeiten und an allen Orten" (Nr. 19). Darin klingt die Formulierung des Zweiten Vatikanums an, daß durch das Sakrament der Eucharistie die Einheit der Kirche „sowohl bezeichnet wie bewirkt" wird[47]). Wie verhalten sich die beiden Funktionen des „Bezeichnens" und „Bewirkens" zueinander?

---

[47]) Zweites Vatikanisches Konzil, „Unitatis redintegratio" Nr. 2.

Gilt das „Bezeichnen“, d. h. ist das gemeinsam gefeierte Herrenmahl nur die Krönung und Vollendung von Kirchengemeinschaft, so wird Kirchengemeinschaft zu einer Frage zwischenmenschlicher Übereinkunft. Dies würde sich stoßen mit dem Grundsatz, daß sie allein und ausschließlich in der Teilhabe am Leib Christi begründet und durch sie „bewirkt“ wird. Im Lima-Dokument steht beides unausgeglichen nebeneinander: Einmal heißt es: „In der Eucharistie findet die Gemeinschaft des Volkes Gottes ihre volle Darstellung“ (Nr. 19). Dann wird wiederum erklärt: So wie die eucharistische Versammlung ein Volk wird, indem sie das Mahl des einen Herrn teilt, muß sie darum besorgt sein, auch diejenigen zu sammeln, die gegenwärtig außerhalb ihrer sichtbaren Grenze stehen ...“ (Nr. 26).

Beide Auffassungen haben ein gewisses Recht und bringen bestimmte Gefahren mit sich. Die vor allem im katholischen und erst recht im orthodoxen Raum vertretene Überzeugung, daß die Eucharistie die vorhandene Einheit der Kirche bezeichne, kann für sich geltend machen, daß ohne ein gewisses Maß an kirchlicher und theologischer Übereinkunft das Mahl nicht gemeinsam gefeiert werden kann. Sie steht aber in Gefahr, die Einheit der Glaubensüberzeugung nicht genügend von einer Übereinstimmung im theologischen Ausdruck und in der praktischen Gestalt zu unterscheiden und eine Einheitlichkeit zu fordern, die nicht einmal innerhalb der einzelnen Konfession besteht. Die andere Auffassung, die im Verständnis der Eucharistie primär den Aspekt des Mittels und Werkzeugs der Kirchengemeinschaft betont, geht zu Recht davon aus, daß die Einheit untereinander nie völlig erreicht ist, sondern ständig eschatologisch vor uns liegt. Die Gefahr dieser Position ist ein Sakramentalismus, der vom liturgischen Vollzug erwartet, was in anderer Weise und nicht ohne Umkehr erstrebt und erarbeitet werden muß[48]). Gerade die evangelischen Kirchen, denen der Schritt zum gemeinsamen Herrenmahl am wenigsten Schwierigkeiten bereitet, sollten sich davor hüten, ausgrechnet das Herrenmahl

---

[48]) Schneider aaO. 197f.

zu benutzen, um die Einheit vom anderen Partner lieblos und überheblich einzuklagen[49]).

Die katholische Auffassung unterscheidet bei der Frage der Eucharistiegemeinschaft einen ekklesiologisch-dogmatischen und einen seelsorgerlich-pastoralen Aspekt. Ekklesiologisch ist die instrumentale Funktion der signifikativen untergeordnet: eucharistische Gemeinschaft darf nicht unterschiedslos als Mittel zur Wiederherstellung der Einheit der Christen betrachtet werden[50]). Andererseits ist die *communicatio in sacris* aber auch Teilhabe an den Gnadenmitteln. „Die Bezeugung der Einheit verbietet in den meisten Fällen die Gottesdienstgemeinschaft, die Sorge um die Gnade empfiehlt sie in manchen Fällen"[51]).

Die Möglichkeit einer katholisch/orthodoxen Sakramentsgemeinschaft ergibt sich für die katholische Seite aus der Feststellung einer sehr weitgehenden Übereinstimmung in der Glaubenslehre sowie aus der Anerkennung einer *potestas ordinis* und einer *potestas iurisdictionis* (d.h. Weihe- und Disziplinargewalt) der orthodoxen Hierarchie. Katholiken dürfen die Eucharistie in einer orthodoxen Kirche erbitten — und umgekehrt —, wenn die zuständigen örtlichen Autoritäten der katholischen und der orthodoxen Kirche darüber eine Vereinbarung getroffen haben[52]).

Eine solche Vereinbarung besteht bisher nicht. Die orthodoxe Seite legt Wert auf die Fragestellung, „daß Nicht-Orthodoxe in der orthodoxen Kirche kommuni-

---

[49]) Das Mahl des Herrn. 25 Jahre nach Arnoldshain. Ein Votum des theologischen Ausschusses der Arnoldahainer Konferenz, Neukirchen-Vluyn 1982, 23.

[50]) „Unitatis redintegratio" Nr. 8; ebenso die Erklärung des Einheitssekretariats vom 17. Oktober 1973 zur Instruktion über die Zulassung anderer Christen zur Kommunion in besonderen Fällen vom 1. Juni 1972, in Nachkonziliare Dokumentation 41, Trier 1975, 53.

[51]) Welche Fälle hier in Frage kommen, hat das Ökumenische Direktorium vom 14. Mai 1967 erläutert; die Erklärung von 1972 (s. Anm. 50) gibt weitere Präzisierungen: bei Christen, die Gemeinschaften angehören, deren Eucharistie- und Amtsverständnis sich von dem der katholischen Kirche unterscheidet, müssen Bedingungen vorliegen wie Todesgefahr, Gefängnis, Verfolgung oder geistlicher Notstand ohne die Möglichkeit, sich an ihre eigene Gemeinschaft zu wenden.

[52]) Ökumenisches Direktorium vom 14. Mai 1967 Nr. 39-54.

zieren wollen, nicht aber umgekehrt"[53]). Lediglich der Moskauer Patriarch hat 1969 in pastoraler Verantwortung eine Öffnung gewagt. Im Beschlußprotokoll des Heiligen Synod heißt es: „Beraten wurden verschiedene Fälle, in denen Altgläubige und Katholiken sich an die Orthodoxe Kirche wenden, um an sich die heiligen Sakramente vollziehen zu lassen. Es wurde beschlossen: Im Sinne einer Erläuterung zu präzisieren, daß in solchen Fällen, wo Altgläubige und Katholiken sich an die Orthodoxe Kirche wenden, um an sich die heiligen Sakramente vollziehen zu lassen, dies nicht untersagt wird"[54]). Der Moskauer Beschluß hat zu scharfen Protesten innerhalb der orthodoxen Kirchen geführt, weil man ihn offenbar als eine dogmatische Entscheidung mißverstanden hat.

Am weitesten ist im evangelisch/katholischen Dialog das Malta-Dokument vorgestoßen. Die kirchliche Zertrennung wird generell als Mangel an jeder Eucharistie- bzw. Abendmahlsfeier beurteilt. Auch wenn die Zeit besonders wegen der Amtsfrage für Interkommunionsvereinbarungen noch nicht reif ist, sollten dennoch „die kirchlichen Autoritäten aufgrund der schon jetzt vorhandenen Gemeinsamkeiten in Glauben und Sakrament und als Zeichen und Antizipation der verheißenen und erhofften Einheit gelegentliche Akte der Interkommunion (etwa bei ökumenischen Anlässen, in der Mischehenseelsorge) ermöglichen". Der Zusammenhang von Einheit und Heil im Sakrament ist auch hier gewahrt, stellt sich aber unter dem Aspekt der Versöhnung in anderer Gewichtung dar.

Dies gilt auch für die Erklärung einer „eucharistischen Gastbereitschaft" durch den Straßburger Bischof Léon Arthur Elchinger für den Bereich seiner Diözese (1972). Interkommunion soll nur bei konfessionsverschiedenen Ehen erlaubt sein und dies auch nur dann, „wenn nachweislich die bewußt gelebte geistliche Gemeinschaft die gemeinsame Eucharistie zu einem dringenden Bedürfnis

---

[53]) Chrysostomos Konstantinidis: Interkommunion aus der Sicht der Orthodoxie, in Eucharistie — Zeichen der Einheit, 86-98, hier 88.

[54]) Zit. bei Reinhard Slenczka: Abendmahlslehre und Abendmahlspraxis im heutigen ökumenischen Kontext, in Die Euchristie. Studienheft 8, 203-224, hier 219.

werden läßt. Vorausgesetzt ist weiter, daß der katholische Christ, der am evangelischen Abendmahl teilnimmt, weiß, „daß — auf geheimnisvolle und reale, doch schwer zu bestimmende Weise — diese Feier ihm Anteil gibt an der einzigen eucharistischen Wirklichkeit, von der er nach seinem Glauben die Gewißheit hat, daß er sich ihr in ihrer ganzen sakramentalen Fülle im Schoß seiner eigenen Kirche nähert“[55]).

Ebenso fordert auch der Beschluß der Gemeinsamen Synode der bundesdeutschen Bistümer in Würzburg (1971-1975) vom evangelischen Christen als Voraussetzung für die Teilnahme an der katholischen Eucharistie unter anderem „persönliche Verbindung mit dem Leben der katholischen Kirche (z. B. über den Ehepartner bzw. die Kinder; oder über einen mit katholischen Christen geteilten Einsatz im Dienst an den Menschen oder an der Einheit der Kirche)“. Eine Teilnahme katholischer Christen am evangelischen Abendmahl kann die Synode zum gegenwärtigen Zeitpunkt nicht gutheißen und stellt dann fest:

„Es kann jedoch nicht ausgeschlossen werden, daß ein katholischer Christ — seinem persönlichen Gewissensspruch folgend — in seiner besonderen Lage Gründe zu erkennen glaubt, die ihm seine Teilnahme am evangelischen Abendmahl innerlich notwendig erscheinen lassen. Dabei sollte er bedenken, daß eine solche Teilnahme dem inneren Zusammenhang von Eucharistie und Kirchengemeinschaft, besonders im Hinblick auf das Amtsverständnis, nicht entspricht. Bei der Entscheidung, vor die er sich gestellt sieht, darf er weder das Beheimatetsein in der eigenen Kirche gefährden, noch darf seine Entscheidung der Verleugnung des eigenen Glaubens und der eigenen Kirche gleichkommen oder anderen eine solche Deutung nahelegen.“

In den Gemeinsamen Empfehlungen für die Seelsorge an konfessionsverschiedenen Ehen und Familien (1981) beziehen sich die katholischen Bischöfe auf den Würz-

---

[55]) Zum Malta-Dokument und zum Vorstoß von Bischof Elchinger vgl. Slenczka aaO. 215-217 (dort auch die Zitate). Zu der Empfehlung des Malta-Dokuments haben einige katholische Kommissionsmitglieder in Sondervoten Bedenken angemeldet.

burger Synodalbeschluß und gelangen zu dem Urteil: „Aus der Respektierung von Gewissensentscheidungen läßt sich aber keine allgemeine Empfehlung für ein pastorales Handeln der Kirche ableiten.“ Man will im Falle der konfessionsverschiedenen Ehen eine entsprechende Praxis tolerieren, aber nicht so weit gehen, dem pastoralen Gesichtspunkt den Vorrang einzuräumen[56]).

Nach evangelischem Verständnis kann Abendmahlsgemeinschaft weder einen völligen dogmatisch-theologischen Konsens über das Abendmahl noch bereits verwirklichte Kirchengemeinschaft zur Bedingung haben. Evangelischer Abendmahlsauffassung entspricht es, „daß der Zugang zum Tisch des Herrn im Grundsatz jedem getauften Christen offensteht, der im Vertrauen auf Christi verheißendes Wort hinzutritt, wie es in den Worten seiner Stiftung laut wird“[57]). Gerade die evangelischen Stellungnahmen zur Lima-Erklärung sollten darauf achten, daß diese Offenheit sich auch bei der Interpretation von Nr. 19 bewährt.

Eine besondere Schwierigkeit der Lima-Erklärung ist darin zu sehen, daß sie die Bedeutung der Eucharistie unter Ausklammerung der Amtsfrage erörtert. Man hat sich darauf beschränkt, den Zusammenhang von Eucharistie und Kirche zu formulieren, und hat die Frage, wie weit ein besonderes Amt für die Kirche konstitutiv ist, der Erklärung über das Amt überlassen. Das macht den Text einerseits verheißungsvoll, läßt aber andererseits, nachdem etwa das katholische Lehramt sich dezidiert auf eine Theologie des Opferpriestertums festgelegt hat, seine Rezeptionschancen schrumpfen.

---

[56]) Die Doppelformel aus „Unitatis redintegratio“ Nr. 2 ist in den Gemeinsamen Empfehlungen nur zur Hälfte aufgegriffen: „Gemeinsam sind die Kirchen der Auffassung, daß die Abendmahlsgemeinschaft Zeichen und Ausdruck der Kirchengemeinschaft ist“ (2.5.5). Man möchte fragen, was die evangelischen Kommissionsmitglieder bewog, dieser restriktiven Lesart ihre Zustimmung zu geben. Eine kritische Würdigung der Gemeinsamen Empfehlungen bei Reinhard Frieling: Chancen und Schwierigkeiten einer gemeinsamen Seelsorge an konfessionsverschiedenen Ehen, MdKI 33, 1982, 1f.

[57]) So die Formulierung in der Pastoraltheologischen Handreichung der VELKD zur Frage einer Teilnahme evangelisch-lutherischer und römisch-katholischer Christen an Eucharistie- und Abendmahlsfeiern der anderen Konfession (1975), Abschn. IV.

Der Accra-Text war noch mit keinem Wort auf die Amtsfrage eingegangen. Die Lima-Erklärung berührt sie nur einmal im dritten, der Praxis gewidmeten Abschnitt, wo es um die Frage geht, wer die Eucharistiefeier leitet (Nr. 29). Es fällt auf, daß man sonst sehr stark auf die Rolle der Kirche im eucharistischen Geschehen abhebt, in Nr. 29 aber das souveräne Handeln Christi unterstreicht: „Es ist Christus, der zu dem Mahl einlädt und ihm vorsteht. Er ist der Hirte, der das Volk Gottes leitet, der Prophet, der das Wort Gottes verkündet, der Priester, der das Geheimnis Gottes feiert. In den meisten Kirchen wird dieser Vorsitz durch den ordinierten Amtsträger zum Ausdruck gebracht." Boshaft könnte man sagen: wo man in Lima die Bedeutung des besonderen Amtes für den Vollzug des Sakraments ins Auge faßt, da erinnert man sich der Exklusivität des Handelns Christi und kehrt von der „Eucharistie" der Kirche zum „Herrenmahl" Christi zurück. Die evangelischen Kirchen können dem Gedanken zustimmen, daß der Diener (minister) der Eucharistie — müßte nicht ergänzt werden: auch des Wortes? — die Unverfügbarkeit der göttlichen Gabe und wohl auch etwas von der überörtlichen, universalen Kirche zum Ausruck bringt (ebd.). Dies beinhaltet für sie aber lediglich, daß das besondere Amt funktional auf den Dienst des Wortes in seinen beiden Gestalten bezogen ist. Eine sakramentale *repraesentatio* Christi scheidet für sie aus.

Die Amtserklärung argumentiert in der Frage des Vorsitzes bei der Eucharistie stärker pragmatisch von der Einheit der Kirche her: „Wenn das ordinierte Amt einen Bezugspunkt für die Einheit des Lebens und Zeugnisses der Kirche darstellen soll, ist es angemessen, daß einem ordinierten Amtsträger diese Aufgabe übertragen werden sollte" (Nr. 14 Kommentar). Vom „Dienst der Einheit" her möchte auch die neuere katholische Theologie die Funktion des Amtsträgers bei der Eucharistie verstehen[58]. Die Bindung ihres Vollzugs an den Priester würde sich dann nicht aus einer priesterlichen Konsekrationsgewalt, sondern daraus ergeben, daß er die Kirche repräsentiert:

---

[58]) Gemeinsame römisch-katholische/evangelisch-lutherische Kommission: Das geistliche Amt in der Kirche, Nr. 27f.

„Wenn Kirche Eucharistie *ist*, dann ist kirchliches Vorsteheramt wesentlich Verantwortung für die ,Versammlung', die mit der Kirche identisch ist"[59]). Auf dieser Linie könnte es sogar denkbar erscheinen, daß die konkrete Feier von einem anderen Gemeindeglied durchgeführt wird, sofern es in der „Verantwortung" des Amtsträgers geschieht. Allen Spekulationen in dieser Richtung ist allerdings durch die jüngsten Erklärungen des Papstes und der Glaubenskongregation ein Riegel vorgeschoben, welche auf die scholastisch-tridentinische Linie des Opferpriestertums zurückfallen[60]).

Der Orthodoxie ist die Rolle des Opferpriesters im mittelalterlich-scholastischen Sinne fremd, wie sie auch keine Privatmessen kennt. Christus selbst ist der Priester, der das Opfer darbringt; der irdische Priester ist „Ikone Christi"[61]), die ihn realsymbolisch repräsentiert. Mit ähnlichen Begriffen deutet auch die römisch-katholische Kirche das Verhältnis Christi und des irdischen Priesters, der *in persona Christi* handelt. Doch betonen orthodoxe Theologen den Unterschied: „Die Eucharistie weist auf ein ganz bestimmtes Amtsverständnis, das pneumatisch und nicht juridisch ausgeprägt ist. Der Priester ist nicht ,Stellvertreter', sondern das ,Mysterium' Christi in der Kirche, in der er von Gott eingesetzt wurde". Diese orthodoxe Position klingt in Nr. 29 deutlich an. Für die Orthodoxie folgt daraus aber, daß das Priesteramt in episkopaler apostolischer Sukzession eine „notwendige Vorbedingung für den sakramentalen Charakter der Eucharistie" darstellt: „Die Orthodoxie ist in dieser Frage ähnlich allergisch [sc. wie die römisch-katholische Kirche] und wird

[59]) Joseph Ratzinger: Opfer, Sakrament und Priestertum in der Entwicklung der Kirche, Catholica 26, 1972, 108-125, hier 112.

[60]) Kritische Bemerkungen hierzu bei Theodor Schneider: Eucharistie — Kirche — Theologie. Der Gründonnerstagsbrief des Papstes und die gegenwärtige Eucharistietheologie, HerKorr 34, 1980, 252-256, 304-311.

[61]) Anglikanisch-Orthodoxe Moskau-Erklärung 1976, Nr. 27, in Anglican-Orthodox Dialogue, 89.

sich niemals von ihrer diesbezüglichen traditionellen Position wegbewegen"[62]).

Zur Frage Herrenmahl und Kirche läßt sich abschließend mit der Stellungnahme der VELKD zum katholisch/lutherischen Dokument „Das Herrenmahl" Folgendes von evangelischer Seite sagen: Wenn in evangelischer Sicht die Kirche primär *Geschöpf* des Heilshandelns Gottes und der Raum ist, in dem seine Gaben empfangen werden, und katholische Christen in ihr vornehmlich ein *Werkzeug* in der Hand Gottes sehen, durch das er Gnade schenkt und Heil ermöglicht, so ist dies eine unterschiedliche Akzentsetzung und schwerlich eine Grunddifferenz, die die Kirchen bis in die Wurzeln hinein spaltet. „Die kritische Grenze ist für evangelische Christen allerdings da erreicht, wo der Anschein entsteht, als sei die Kirche selbst Spenderin und Mittlerin des Heilsgeschehens."[63])

VIII. Die Feier des Herrenmahls

Zu den Verengungen des evangelischen Abendmahlsverständnisses gehört die Vorstellung, das Bewußtsein der eigenen Bedürftigkeit und des persönlichen Verlangens entscheide über die Teilnahme. Die Lima-Erklärung fordert häufige Feier der Eucharistie, wenn möglich jeden Sonntag, da sie den Glauben vertieft und die Auferstehung Christi feiert (Nr. 30, 31). Dem ist zunächst einmal voll zuzustimmen. „Die Dringlichkeit, das Herrenmahl zu feiern, steht nicht im Belieben der Gemeinde oder der einzelnen Christen. Das Gebot Christi (‚solches tut') ist unüberhörbar. Werden Überlegungen in dieser Richtung angestellt, wird also ernst gemacht mit der Entdeckung, daß das Herrenmahl ursprünglich eingebettet war in eine gemeinsame Mahlzeit und daß zu dieser Feier und zur Verkündigung des Wortes Gottes die Gemeinde zusam-

---

[62]) Bischof Augoustinos: Die göttliche Eucharistie als Opfer und ihre Beziehung zum Priestertum in der orthodoxen Theologie und Praxis, in Eucharistie und Priesteramt. ÖR. B 38, 1980, 102-108, hier 106; Konstantinidis aaO. 96.

[63]) Zit. nach MdKI 33, 1982, 115-117, hier 116. Ähnliche Anfragen an die Ekklesiozentrik der Lima-Erklärung bei Johannes Dantine, Zur Konvergenzerklärung über Taufe, Eucharistie und Amt, ÖR 32, 1983, 12-27.

menkam, dann wird der Gottesdienst seine Einseitigkeit verlieren und jene Gemeinschaft schaffen und darstellen, die im Neuen Testament knapp, aber. erschöpfend beschrieben wird: ‚Sie aber blieben beständig in der Apostel Lehre, in der Gemeinschaft, im Brotbrechen und im Gebet'."[64])

Dabei sollten die evangelischen Kirchen die Praxis der isolierten Abendmahlsfeier im Anschluß an den Predigtgottesdienst ganz aufgeben, weil sie das Herrenmahl als bloßes Anhängsel, die Teilnahme als Sache eines subjektiven Bedürfnisses und die Abendmahlsgemeinde als fromme Auslese aus der übrigen Gemeinde erscheinen läßt. Im ‚Gesamtgottesdienst' mit Predigt und Abendmahl wird klarer sichtbar, daß die Wortverkündigung nicht ohne die leibhafte Zusage im Sakrament und die Mahlfeier nicht ohne das deutende und gewißmachende Wort des Evangeliums bleibt.

Nr. 27 hat die möglichen Elemente einer solchen „eucharistischen Liturgie" zusammengestellt. Die Lima-Liturgie kann als eine Ausführung dieses Programms gelten. Das eigentliche Eucharistiegebet ist nach dem östlichen Typ gestaltet, der seit dem Zweiten Weltkrieg auch in den Liturgien der westlichen Kirchen Eingang gefunden hat, und enthält folgende Elemente:

— Präfation (Heilsgeschichtliche Anamnese)
— Sanctus
— Epiklese I (Gabenepiklese, endend mit „Veni creator spiritus")
— Einsetzungsworte (eingeleitet durch „May this Creator spirit accomplish the words ...")
— Anamnese (Christus-Anamnese entsprechend dem 2. Artikel des Credo)
— Epiklese II (Personenepiklese, endend mit „Veni creator spiritus")
— Kanon-Fürbitten (für die Kirche, ihre lebenden und verstorbenen Glieder, eschatologischer Ausblick)

Im Ganzen ist dür evangelisches Verständnis das Tun der Kirche zu sehr betont. Schwer rezipierbare Elemente sind die Gabenepiklese und die Opferdarbringung, aber

---

[64]) Das Mahl des Herrn (s. Anm. 49), 18.

auch die besondere Hervorhebung der Jungfrau Maria in der Gemeinschaft der Heiligen und (für manche evangelische Christen) die Fürbitte für die Verstorbenen. Die Reservierung des sehr langen Eucharistiegebets für den ordinierten „Zelebranten“ setzt einen unevangelischen ‚amtspriesterlichen‘ Akzent. Ferner war bereits in den evangelischen Reaktionen auf die Accra-Texte beanstandet worden, daß die universale heilsgeschichtliche Symbolik den spezifischen Charakter des „Für euch“ und der Vergewisserung des angefochtenen Glaubens überlagere. Doch sollte auch die Anfrage ernst genommen werden, die von der Lima-Erklärung an die lutherische Abendmahlsauffassung ergeht.

In liturgischer Hinsicht ergeben sich indessen Probleme, wenn jede einzelne Herrenmahlfeier die gesamten heilsgeschichtlichen Bezüge zur Darstellung bringen soll. Der Gefahr einer routinehaften Verflachung wäre dadurch zu begegnen, daß jeweils unterschiedliche Schwerpunkte gesetzt werden, die Gesamtperspektive aber in gewissen „Merkposten“ erhalten bleibt[65]).

Damit stellt sich die Frage nach dem vertretbaren Maß an liturgischer Pluralität. Mit der Lima-Liturgie wollte man eine Normalliturgie schaffen, die „in dem derzeit möglichen Umfang ... alle hier gegenwärtigen Traditionen an der Liturgie beteiligt“ (Einführung). Dieses maximalistische Konzept ist der Liturgie nicht immer gut bekommen; es führt im Aufbau zu Doppelungen und nimmt der Feier ihre Übersichtlichkeit. Gewiß ist es ökumenisch unabdingbar, daß die Feier einem liturgischen Kanon folgt, der die Handlung noch als Herrenmahl erkennbar bleiben läßt, und die evangelischen Kirchen werden zu prüfen haben, ob im Überschwang liturgischen Experimentierens nicht auch inhaltlich unaufgebbare Elemente des Herrenmahls verlorengehen. Wenn aber Nr. 33 das „wesentlich größer gewordene gegenseitige Verständnis“ für ausreichend hält, um eucharistische Gemeinschaft anzustreben, dann sollte auch in der Praxis statt einer Addition verschiedener Traditionen zu einer Maximalliturgie ein

---

[65]) aaO. 53.

Grundgerüst genügen, das die einzelnen Kirchen nach dem ihnen verliehenen geistlich-liturgischen Reichtum auszufüllen hätten. Die reformatorischen Kirchen halten es jedenfalls für ausreichend, daß im Mahl der jeweils anderen Kirchen nach seinem theologischen Gehalt und seiner liturgischen Gestaltung das Mahl Jesu Christi erkannt werden kann.

In der Praxis und Theologie der reformatorischen Kirchen hat das Herrenmahl in den letzten Jahrzehnten eine Neubewertung erfahren. Anfragen und Anregungen aus anderen christlichen Kirchen wurden aufgenommen, zumal ihnen ein wachsendes Unbehagen an der ‚Verkopfung' des herkömmlichen Gottesdienstes und ein Bedürfnis nach Zeichenhaftigkeit und non-verbaler Kommunikation entgegenkamen. In der ‚Objektivität' des Ritus ist die Botschaft weniger von der Subjektivität des Verkündigers abhängig. Dies hat in den evangelischen Kirchen eine Zunahme der Abendmahlsfeiern bewirkt, die Zahl der Teilnehmer ist gestiegen. Überall ist die Tendenz zu beobachten, das Abendmahl im Rahmen von ‚Gesamtgottesdiensten' zu feiern, in deren Liturgie die klassische eucharistische Tradition Eingang gefunden hat. Die Zulassung von getauften Kindern zum Abendmahl (Eucharistie Nr. 19 Kommentar; vgl. Taufe Nr. 14 Kommentar) ist in einigen Landeskirchen bereits verwirklicht.

Dies hat die gemeinsame ökumenische Basis erweitert. Ein kritischer Punkt wird aber die Frage bleiben, wie weit der evangelische Predigtgottesdienst ohne Abendmahl als Gottesdienst im vollen Sinn gelten kann. Nicht alle reformatorischen Kirchen werden den Standpunkt teilen, daß die Eucharistie mindestens jeden Sonntag zu feiern sei. Sie werden darin von der neutestamentlichen Exegese bestärkt, die noch nichts von der zentralen Stellung zu erkennen gibt, die der Eucharistie im späteren Leben und Dogma der Kirche zukam, aber auch durch neuere Tendenzen im katholischen Raum, die zwar nicht den Rang, aber die liturgische Monopolstellung der Eucharistie in Frage stellen[66]).

---

[66]) Vgl. die Beiträge in dem Themenheft Concilium 18, 1982, H. 2: „Kann man in jedem Falle die Eucharistie feiern?"

Vor allem in den reformierten Kirchen war es üblich geworden, das Herrenmahl nur an einigen Tagen im Jahr zu feiern, dann aber mit Kommunion der ganzen Gemeinde. Darin kam die hohe Wertschätzung des Abendmahls als eines die Gemeinschaft anzielenden Versöhnungsereignisses zum Ausdruck. Man wird dieses Motiv auch heute noch anerkennen müssen. Wenn die Alternative dazu ein regelmäßiger sonntäglicher Abendmahlsgottesdienst wäre, bei dem jeweils nur wenige kommunizieren, so verdiente die reformierte Praxis erst recht Beachtung. Letztlich gründen die evangelischen Schwierigkeiten mit der sonntäglichen Abendmahlsfeier darin, daß die reformatorische Tradition im Herrenmahl weniger den „neuen liturgischen Dienst, den Christus der Kirche gegeben hat", (Accra-Text Nr. 33) oder „das neue sakramentale Mahl des Volkes" (Nr. 31) erblickt als vielmehr Verkündigungshandlungen, in denen angefochtener Glaube Gottes Zuspruch erfährt.

Ob dieser Ansatz nicht eine Verengung darstellt, wird gerade im ökumenischen Dialog gefragt. Auf jeden Fall sollte in den evangelischen Kirchen regelmäßig am Sonntag die Möglichkeit, das Abendmahl zu empfangen, angeboten werden. Dies läßt sich in größeren Städten mit mehreren Kirchengemeinden ohne Schwierigkeiten, durch überörtliche Absprachen aber auch in ländlichen Bezirken einrichten. Mit dieser Kompromißlösung würde vermieden, daß den Gemeinden eine Abendmahlspraxis übergestülpt wird, zu der sie, wie Beispiele zeigen, vielerorts noch nicht bereit sind.

Nach evangelischem Verständnis ist das Wort Gottes nicht bloß ein Teil des umfassenden eucharistischen Geschehens, wie Nr. 3 nahelegen könnte. Ihm sind das gesprochene Wort der Verkündigung und das Herrenmahl gleichberechtigte Gestalten des einen Wortes. Immerhin ist die Situation nicht mehr so, wie sie Heinrich Fries vor Jahren beklagt hat: „Wort und Sakrament werden faktisch innerhalb der Konfessionen gegeneinander ausgespielt und zu Konfessionsbezeichnungen erhoben. Die Kirche des Wortes stand die Kirche des Sakraments und der Sakramente gegenüber. Die Konfessionen, ihre Theologen und Theologien gaben sich alle Mühe, nicht etwa auf das

Ungemäße dieser Gegenüberstellung und Alternative hinzuweisen und einen Gegensatz aufzuheben, der im Prinzip keiner war, sondern die Differenzen auszubauen und zu vertiefen, um eben darin das Recht der eigenen, die andere verdammenden Konfession zu begründen"[67]).

Im Hinblick darauf, daß das Wort nicht über Gnade informiert, vielmehr die Gnade austeilt und zuspricht, also selbst sakramentalen Charakter besitzt, vermag katholische Theologie die Sakramente als „höchste Stufe des exhibitiven ereignishaften Gnadenwortes in der Kirche" zu verstehen, das in der Gemeinde den Grund des Heils gegenwärtig setzt (Eucharistie) und sich in existentiell grundlegende Situationen des menschlichen Lebens hinein entfaltet (die übrigen Sakramente)[68]). Abgesehen von der superlativischen Wertung wird man sich diese Beschreibung des Sakraments auch evangelischerseits zu eigen machen können. Dies würde allerdings zur Voraussetzung haben, daß der worthaft-soteriologische Gesichtspunkt stärker als in der Lima-Erklärung zur Geltung kommt. Deutlich ist aber auch, daß die Gleichrangigkeit der beiden Gestalten des Wortes Gottes nur zu behaupten ist, wenn evangelische Predigt nicht zu dogmatischer Information oder ethischem Appell verkommt, sondern wirklich Heilsgeschehen, befreienden Zuspruch der Gnade darstellt[69]).

---

[67]) Heinrich Fries: Wort und Sakrament, München 1966, 12.

[68]) Eberhard Jüngel / Karl Rahner: Was ist ein Sakrament? Vorstöße zur Verständigung, Freiburg-Basel-Wien 1971, 79f.

[69]) Vgl. Hans Graß: Christliche Glaubenslehre II, Stuttgart-Berlin-Köln-Mainz 1974, 146.

AMT

Reinhard Frieling

Welchen Sinn hat die Amtsdiskussion?

Nicht die Anerkennung bestimmter Formen des Amtes und der Kirchenverfassung, sondern allein die richtige Verkündigung des Evangeliums gewährleistet die Einheit der Kirche. Die Evangeliumsverkündigung *ist* das Amt (der Dienst, Auftrag) der Kirche, d. h. aller Christen. „Um die Öffentlichkeit, Einheit und Gemeinsamkeit der Verkündigung wirksam werden zu lassen, beruft die Kirche einzelne aus ihrer Mitte, die allen gemeinsam aufgetragene Bezeugung Jesu Christi öffentlich wahrzunehmen“ [1]). Jede Ordnung des Amtes ist legitim, die der Evangeliumsverkündigung in Wort und Tat dient und dem biblischen Zeugnis sowie den jeweiligen gesellschaftlichen Bedingungen gerecht wird.

Diese im Protestantismus verbreitete Grundauffassung vom kirchlichen Amt läßt es evangelischen Christen zugleich leicht und schwer fallen, in der ökumenischen Amtsdiskussion mitzureden: *Leicht,* weil der prinzipiell sekundäre Stellenwert der Ämtergestaltung eine offene

[1]) Vereinigte Evangelisch-Lutherische Kirche Deutschlands (VELKD): Stellungnahme des Theologischen Ausschusses zur Frage des kirchlichen Amtes und der Ordination (vom 13. Oktober 1970), in Alfred Burgsmüller/Reinhard Frieling (Hg.): Amt und Ordination im Verständnis evangelischer Kirchen und ökumenischer Gespräche, Gütersloh 1974, 71. — Vgl. zur jüngeren Amtsdiskussion in Deutschland vor allem Jörg Baur (Hg.): Das Amt im ökumenischen Kontext. Eine Studienarbeit des Ökumenischen Ausschusses der VELKD, Stuttgart 1980, bes. 165-182 den eigentlichen Bericht (7-164 verschiedene Aufsätze). — Reinhard Mumm (Hg.): Ordination und kirchliches Amt. Veröffentlichung des ökumenischen Arbeitskreises evangelischer und katholischer Theologen [= Stählin/Jaeger-Kreis], Paderborn/Bielefeld 1976.

Haltung gegenüber der Vielfalt von Amts- und Kirchenverfassungen erlaubt; die Anerkennung der Ämter anderer Konfessionskirchen bereitet wenig Schwierigkeiten, selbst wenn die Gliederung und das theologische Verständnis des Amtes nicht geteilt werden (z. B. das Meßopferpriestertum). Insofern ist die Anerkennung der Ämter anderer Konfessionen vorwiegend ein Problem für die katholische, orthodoxe und anglikanische Kirche. Als *schwierig* stellt sich der evangelische Gesprächsbeitrag dar, weil die Haltung der ‚Gleich-gültigkeit' (in der doppelsinnigen Bedeutung des Wortes) es den nichtprotestantischen Dialogpartnern von deren theologischen Voraussetzungen her erschwert, evangelisches Kirchentum zu erfassen und evangelische Ämter anzuerkennen.

Bei der 55 Jahre langen Ämterdiskussion im Rahmen der Bewegung für Glauben und Kirchenverfassung (von Lausanne 1927 bis Lima 1982) geht es darum, bei drei bislang als kirchentrennend geltenden Grundpositionen oder Typen einen Ausgleich zu finden: der ‚katholischen', der ‚evangelischen' und der „denominationalen"[2]). Diese Grobeinteilung verweist einerseits auf den römisch-katholischen, orthodoxen und z. T. hochkirchlich-anglikanischen Kirchen- und Amtsbegriff als ‚katholisch' (z. B. wesensmäßige Unterscheidung von Priestern und Laien, bischöfliche apostolische Sukzession, dreigliedriges Amt). Andererseits betonen die ‚evangelischen' Reformationskirchen, daß Wort und Sakrament die Kirche begründen, während die Gliederung des Amtes von den Funktionen der Wortverkündigung und Sakramentsverwaltung, nicht aber von einem Weihesakrament her verstanden wird. ‚Denominationen' heißen vor allem im nordamerikanischen Protestantismus die (Frei-)Kirchen und Gruppen, die auf die Autonomie des gläubigen Individuums großes Gewicht legen und Vollmacht nur der Gemeinschaft der Gläubigen zubilligen; die ‚kongregationalisti-

[2]) Vgl. Georg H. Vischer: Apostolischer Dienst. Fünfzig Jahre Diskussion über das kirchliche Amt in Glauben und Kirchenverfassung, Frankfurt 1982, 202ff.

sche' Verfassung und ein demokratisches Amtsverständnis sind naheliegend.

Die Lima-Erklärung will zeigen, daß es durchaus Konvergenzen zwischen diesen drei Positionen gibt. Unabhängig von Schwierigkeiten in Einzelfragen hat die ökumenische Debatte folgende grundlegende Einsichten gebracht:

- Zur Selbstgenügsamkeit und Selbstgerechtigkeit hat niemand Anlaß. In allen Konfessionen haben die Probleme der säkularisierten Welt zu vielfältigen Glaubens- und Kirchenkrisen und in deren Gefolge auch zu Amtskrisen geführt.
- Ökumenische Lehrvergleiche und Lehrkompromisse über das ordinierte Amt reichen nicht aus, wenn es um den Dienst der Evangeliumsverkündigung geht. Vielmehr ist eine ökumenische Erneuerung der Ämter nötig. Auf dem Boden der Heiligen Schrift, belehrt durch die Kirchengeschichte und durch Erfahrungen anderer Kirchen und bezogen auf die heutigen Herausforderungen müssen die Kirchen sowohl freimütig voneinander lernen, „was ihres Amtes ist", als auch mutig und gemeinsam neue Formen des Amtes entwickeln, die in einer veränderten Welt den ursprünglichen Intentionen der Ämter besser gerecht werden.
- Bei der Beobachtung der historischen Entwicklung der kirchlichen Ämter haben die Kirchen mehr und mehr gelernt, auf die jeweiligen theologischen, d. h. hier christologischen, pneumatologischen und ekklesiologischen Begründungen zu achten. Evangelischen Christen kann so die katholische und orthodoxe Glaubensaussage verständlich werden, der Heilige Geist habe die Kirche bei einzelnen Entscheidungen über die Ämterstruktur geleitet. Umgekehrt können Katholiken und Orthodoxe die evangelische Erfahrung vielleicht respektieren, daß zu anderen Zeiten und zu anderen kulturellen und gesellschaftlichen Bedingungen mit denselben christologischen, pneumatologischen und ekklesiologischen Begründungen und mit der Führung desselben Heiligen Geistes andere Amtsformen sich entwickelt haben.

Das Kapitel „Amt" — die längste und problemreichste der drei Lima-Erklärungen — ist für Gemeinde- und Synodendebatten sicherlich schwer zugänglich. Das darf jedoch nicht hindern, daß die Gemeinden und Synoden, die ‚Laien' und die ‚Amtsträger' ernsthaft sich der Erneuerung und gegenseitigen Anerkennung kirchlicher Ämter öffnen. Selbstverständlich gehört es auch zum ökumenischen Dialog und zum gegenseitigen Lernprozeß, eigene Einsichten und Erfahrungen mitzuteilen wie auch Forderungen zurückzuweisen, deren Erfüllung die eigene Überzeugung verletzen und die Preisgabe eigenen Glaubens bedeuten würde.

Vorgeschichte

Die erste Weltkonferenz für Glauben und Kirchenverfassung in *Lausanne 1927* behandelte in einer Sektion „Das geistliche Amt in der Kirche". Dem Ziel gemäß, zunächst nur Gemeinsamkeiten und Unterschiede festzustellen, dokumentiert der Sektionsbericht fünf Sätze mit „voller Einmütigkeit" und drei Sätze über die Verschiedenheiten[3]).

„1. Das geistliche Amt ist eine Gabe, die Gott durch Christus Seiner Kirche verliehen hat. Es ist wesensnotwendig für das Dasein und das Gedeihen der Kirche.

2. Das geistliche Amt empfängt dauernd seine Vollmacht und Wirkungskraft durch Christus und Seinen Geist.

3. Die Aufgabe des geistlichen Amtes besteht darin, den Menschen die erlösenden und heiligenden Wohltaten Christi durch den Hirtendienst, die Predigt des Evangeliums und die Verwaltung der Sakramente zu vermitteln. Diese durch das Amt vermittelten Wohltaten werden wirksam erst durch den Glauben.

4. Das geistliche Amt ist mit der Leitung der Kirche und der Ausübung der Kirchenzucht betraut, in der Gesamtkirche und in ihren Teilen.

---

[3]) Die Weltkonferenz für Glauben und Kirchenverfassung. Deutscher amtlicher Bericht über die Weltkirchenkonferenz von Lausanne, hg. v. Hermann Sasse, Berlin 1929, 536-540. Vgl. Frieling: Die Bewegung für Glauben und Kirchenverfassung 1910—1937, Göttingen 1970, 113ff; G. H. Vischer.

5. Durch einen Akt der Ordination unter Gebet und Handauflegung werden diejenigen, welche die Gaben für das geistliche Amt besitzen, durch den Geist berufen und von der Kirche anerkannt sind, mit der Ausübung der Funktionen des Amtes beauftragt.

Innerhalb der vielen christlichen Gemeinschaften, in welche die Christenheit sich im Lauf der Geschichte geteilt hat, sind mannigfache Formen des Amtes entstanden je nach den besonderen Verhältnissen der einzelnen Gemeinschaften und nach ihren Glaubensüberzeugungen in bezug auf Christi Willen und auf die Anleitung des Neuen Testaments. Durch die göttliche Vorsehung hat der Heilige Geist diese Gemeinschaften offensichtlich in überreichem Maße in den Dienst Seines Werkes gestellt, die Welt zu erleuchten, die Sünder zu bekehren und die Heiligen vollzubereiten. Aber die Verschiedenheiten in der Auffassung der Vollmacht und der Funktion des geistlichen Amtes, die sich mit den verschiedenen Amtsformen herausgebildet haben, waren und sind noch heute der Anlaß zu mannigfachen Zweifeln, Fragen und Mißverständnissen.

Diese Verschiedenheiten betreffen das Wesen des geistlichen Amtes — ob es ein einziges ist oder aus mehreren ordines besteht — das Wesen der Ordination und der in der Ordination übertragenen Gnade, die Funktion und die Autorität der Bischöfe und das Wesen der apostolischen Sukzession."

Es folgt der Vorschlag, in der Lebensordnung einer geeinten Kirche müßten die drei Hauptverfassungsformen — die bischöfliche, die presbyteriale und die kongregationale einen angemessenen Platz finden.

Der Bericht wurde von den Orthodoxen nicht mitgetragen, sie gaben eine Sondererklärung ab. Da die römisch-katholische Kirche gar nicht beteiligt war, handelte es sich in Lausanne also um einen Bericht der anglikanischen, der altkatholischen und der verschiedenen evangelischen Kirchen.

Die zweite Weltkonferenz für Glauben und Kirchenverfassung in *Edinburgh 1937* brachte keinerlei Fortschritte, im Gegenteil: die Beschreibung unterschiedlicher Grundauffassungen wurde durch eine Reihe von Sondervoten noch deutlicher betont[4]). Nach der Gründung des Ökumenischen Rats der Kirchen (ÖRK, 1948) wurde die Amtsfrage zunächst im Rahmen der Studien über Christus und die Kirche behandelt (*Lund 1952*). Als eigenes Thema einer Weltkonferenz für Glauben und Kirchenverfassung begegnete sie erst wieder in *Montreal 1963*, freilich ohne bemerkenswerte Fortschritte[5]). In *Aarhus 1964* stellte die Kommission für Glauben und Kirchenverfassung ein Studienprogramm für die Amtsfrage auf, das von allgemeinen und grundlegenden Aussagen über das Wesen und den Auftrag der Kirche sowie von den christologischen und pneumatologischen Begründungen bis zur Beschreibung eines besonderen Amtes in der Kirche vorstoßen wollte[6]).

Der Plan fand kein großes Interesse in den Kirchen, so daß die Kmmission in *Bristol 1967* anders ansetzte: man ging vom Faktum des Amtes aus, beschrieb seine einzelnen Elemente und prüfte dann seine theologische Legitimation[7]). Im Jahre 1968 erschien eine *Studie über die Ordination*[8]), bei der auch orthodoxe und römisch-katholische Theologen engagiert mitwirkten. Der orthodoxe Einfluß zeigte sich in der Betonung des eucharistischen Gottesdienstes für die Struktur der Kirche und der Anrufung des Heiligen Geistes (Epiklese) für die Ordination. Der römisch-katholisch/evangelische Dialog schlug sich nieder, indem die Gedanken der „repraesentatio“ und der dienstbezogenen „Funktionen“ sich als Gegenpole herausschälten.

---

[4]) Das Glaubensgespräch der Kirchen. Edinburgh 1937, hg. v. Leonard Hodgson, Zürich 1940, 316-320.

[5]) Das Erlösungswerk Christi und das Amt seiner Kirche. Bericht der Sektion III, in Montreal 1963, hg. v. P. C. Rodger und Lukas Vischer, Zürich und Genf 1963, 54-61.

[6]) Minutes of the Meeting of the Commission and Working Committee, 1964 Aarhus/Denmark, Faith and Order Paper 44, Genf 1965, 47ff.

[7]) New Directions in Faith and Order, Bristol 1967, Faith and Order Paper 50, Genf 1968. Der Kommission lagen bereits die Studien „Zur Frage der Ordination der Frau“, „Das Amt der Diakone“ und „Die Diakonisse“ vor.

[8]) Die Bedeutung der Ordination, in Ökumenische Diskussion, Bd. IV, Nr. 4, 1968.

Bei der Weltkonferenz in *Löwen 1971* lag dann die Studie „Das ordinierte Amt" vor[9]), die sich durch Interesse an kirchlicher Erneuerung auszeichnete. Sie nahm einen neuen Anlauf zu gemeinsamen Aussagen über I. Quelle, Zentrum und Funktion des ordinierten Amtes (sowie über eine Reihe mehr soziologisch ausgerichteter Fragen), II. Tradition und Wandel, III. Die Legitimität der Amtsautorität, IV. Der Ordinierte und die Gemeinschaft, V. Wer soll ordiniert werden?, VI. Ordination und Beruf und VII. Ein gegenseitig anerkanntes Amt. Die Themen II-VI fanden jedoch geringe Gegenliebe bei der Kommission, sie wurden künftig relativ kurz behandelt, während die theologischen Probleme im engeren Sinne fortan gründlicher bearbeitet wurden, z. B. die Sakramentalität der Ordination, das dreifache Amt und die apostolische Sukzession.

Der Text von *Accra 1974*[10]) stellte „keinen Konsens im vollen Sinne des Wortes" dar, wurde jedoch auch „Konsensusbericht" genannt[11]). Er behandelte: I. Das ordinierte Amt und die christliche Gemeinschaft, II. Apostolische Sukzession, III. Ordination, IV. Das Amt in der Praxis heute und V. Auf dem Weg zur Anerkennung und Versöhnung der Ämter. Im Vergleich zu Löwen 1971 war der Praxisbezug deutlich abgedrängt (in der Lima-Erklärung blieben dann nur wenige Sätze davon übrig).

Die Antworten der Kirchen auf den Accra-Text wurden 1977 ausgewertet[12]). Die Kommission erteilte in Bangalore 1978[13]) einen Revisionsauftrag, daraus entstand der Text von *Lima 1982.*

---

[9]) Löwen 1971, hg. v. Konrad Raiser, ÖR.B 18/19, Stuttgart 1971, 77-102.

[10]) Accra 1974, hg. v. Geiko Müller-Fahrenholz, ÖR.B 27, Stuttgart 1975.

[11]) L. Vischer: Einleitung ebd. 4; vgl. ebd. 48ff im Nachwort „Konsensus-Text".

[12]) Auf dem Weg zu einem ökumenischen Konsens über Taufe, Eucharistie und Amt. Eine Antwort an die Kirchen, Faith and Order Paper 84, Genf 1977. — Die lutherischen Stellungnahmen liegen im Wortlaut vor: LWB-Studienabteilung (Hg.): Echo aus der Ökumene, Genf 1981, 79-90 VELKD, 161-177 Arnoldshainer Konferenz; ferner u. a. acht Landeskirchen aus der EKD.

[13]) Bangalore 1978, hg. v. Müller-Fahrenholz, ÖR.B 35, Frankfurt 1979, 237ff.

Parallel wurden noch weitere Studien fertiggestellt, die unmittelbar einzelne Aspekte des Amtsthemas betreffen: „Die Bedeutung des konziliaren Vorgangs der alten Kirche für die ökumenische Bewegung“ und „Schrift und Tradition“ (Bristol 1967); „Wie lehrt die Kirche heute verbindlich?“ (Odessa 1977[14]); „Episkopé and episcopate in ecumenical perspective“[15]).

Den Einflüssen der zahlreichen bilateralen Dialoge einzelner Kirchen auf die Beratungen der Kommission für Glauben und Kirchenverfassung kann hier nicht nachgegangen werden.

I. Die Berufung des ganzen Volkes Gottes

In allen ökumenischen Texten aus den letzten Jahrzehnten wird in der Amtsdebatte der Ausgangspunkt bei der Berufung des ganzen Gottesvolkes genommen. Das Amt darf nicht isoliert von der christlichen Gemeinschaft insgesamt gesehen werden, das Amtsverständnis ist vielmehr eingebettet in ein Verständnis vom Wesen der Kirche als Gemeinschaft der Gläubigen. Dabei ist die Kirche als ganze und jedes ihrer Glieder nach Maßgabe seiner Gaben berufen, das Werk des dreieinigen Gottes in der Welt zu bezeugen.

Nr. 6 stellt ausdrücklich fest, daß „die Kirchen in ihrem allgemeinen Verständnis der Berufung des Volkes Gottes einig sind“. Allgemeine Zustimmung wird auch der trinitarische Ansatz finden, daß Gott alle Christen zum Zeugnis beruft über Gottes Handeln in der Geschichte, über Christi Erlösungstat und über die Führung des Heiligen Geistes im Glauben (Nr. 1-5). Die Aussagen bleiben freilich sehr allgemein, so daß die sogenannten Laien kaum ablesen können, wie sie ihr Amt des allgemeinen Priestertums in Kirche und Welt wahrnehmen können. Nr. 32f enthält zwar einige wenige Aussagen über die „Vielfalt der Charismen“, es wird sogar zugestanden, daß es in der Kirche

---

14) ÖR. B 33, Frankfurt 1978.

15) Faith and Order Paper 102, Genf 1980.

Zeiten gab, „in denen die Wahrheit des Evangeliums nur durch prophetische und charismatische Führer bewahrt werden konnte“ (Nr. 33), also nicht allein durch ordinierte Amtsträger.

Aber im übrigen fehlt in der Lima-Erklärung ein hilfreiches Kapitel über das Laienamt und die vielfältigen nichtordinierten „Ehrenämter“ in den Gemeinden. Das provoziert Rückfragen, ob die Lima-Erklärung den Ansatz bei der Berufung des ganzen Volkes Gottes in den ausführlichen Abschnitten über das ordinierte Amt wirklich durchhält oder ob die einseitig starke Konzentration auf das ordinierte Amt zu einer ungesunden Spannung von Amt und Gemeinde, von Ordinierten und Nichtordinierten führt. Der Accra-Text war in dieser Hinsicht auch nicht befriedigend, aber immerhin stellten seine Abschnitte Nr. 7-10 den Versuch dar, zur traditionellen Zuordnung von Gemeinde und Pfarrer sowie zum konkreten soziologischen Rahmen, in dem christliche Gemeinschaft gelebt und gestaltet wird, etwas zu sagen[16]).

In der Lima-Erklärung ist „Die Berufung des ganzen Volkes Gottes“ ein richtiger und guter dogmatischer Einstieg ins Amtsproblem, leider jedoch keine weiterführende Hilfe für die Sammlung und Sendung der Gemeinde und dabei der Rolle der Gemeindeglieder. Es wäre gut, wenn in Gemeindeseminaren dieses Problem aufgegriffen und von den örtlichen Gegebenheiten her inhaltlich entfaltet würde.

- Was bedeutet das sogenannte Amt des allgemeinen Priestertums für Frauen, Männer und Jugendliche in ihren jeweiligen Lebensbereichen (Eltern, Paten, Berufstätige, Nachbarn usw.)? Welches „Amt“ haben Gemeindekreise, kirchliche Vereine, Werke und Verbände, Gruppenleiter, Kindergottesdiensthelfer, Küster, Organisten, Verwaltungsangestellte? In welcher Weise ist das „Amt“ des Kirchenvorstehers, in einigen Landeskirchen „Presbyter“

[16]) Noch ausführlicher war der Text von Löwen 1971; die dort behandelten Fragen sollten im ökumenischen Gespräch wieder aufgegriffen werden. Vgl. S. 112.

genannt, von den übrigen „Ehrenämtern" hervorgehoben und doch vom ordinierten Amt unterschieden?

- Für den von Genf erhofften „geistlichen Prozeß der Rezeption dieses Textes auf allen Ebenen des kirchlichen Lebens" (Vorwort S. 6) ist es aus evangelischer Sicht unerläßlich, über den Wortlaut der Lima-Erklärung hinauszugehen bzw. das erste Kapitel in der angedeuteten Weise zu konkretisieren. Entsprechende Anregungen wären in die offiziellen Stellungnahmen der Landeskirchen aufzunehmen, um sie bei einer ökumenischen Weiterarbeit an der Amtsstudie zur Geltung zu bringen.

II. Die Kirche und das ordinierte Amt

Begriffsklärungen

Die Berufung aller Christen zur Evangeliumsverkündigung in Wort und Tat schließt nicht aus, daß es in der Kirche besondere persongebundene Dienste und Ämter gibt. In dieser Auffassung stimmen alle Kirchen überein. Allerdings betont Nr. 6 zu Recht, daß „Unterschiede bestehen bezüglich der Stellung und Formen des ordinierten Amtes". Um Mißverständnisse zu vermeiden, sind vor Einzelfragen die Begriffsklärungen in Nr. 7 zu beachten.

Charisma bezeichnet Gaben, die der Heilige Geist jedem Christen verleiht. In Nr. 32 wird das ordinierte Amt selbst Charisma genannt, in Nr. 48 ist vom „gottgegebenen Charisma des Amtes" die Rede. Vermieden wird die in der römisch-katholischen Kirche begegnende Aussage, daß es ein besonderes „Amtscharisma" gebe (vgl. V. Ordination).

Dienst (ministry) meint im weitesten Sinne den Dienst, zu dem das ganze Gottesvolk berufen ist, während *ordiniertes Amt* (ordained ministry) sich auf Personen bezieht, welche die Kirche zum öffentlichen Dienst beruft und ernennt. Wegen der vorwiegend englischsprachigen Debatte und des gleichbleibenden Begriffs „ministry" kommen in der Lima-Erklärung keine langwierigen Verhältnisbestimmungen von „Dienst" und „Amt" und auch nicht der Begriff „Dienstamt" vor. Nr. 15 und Nr. 16 behandeln jedoch eigens das Verhältnis von ordiniertem

Amt und Autorität und betonen ausdrücklich den Dienstcharakter des ordinierten Amtes.

Presbyter sind in der Limaterminologie Pfarrer, d. h. „pastorale Amtsträger des Wortes und der Sakramente in einer örtlichen eucharistischen Gemeinschaft" (Nr. 30). Die „Presbyter", die etwa in Rheinland und Westfalen als nichtordinierte Mitglieder des Kirchenvorstandes (Presbyteriums) von der Gemeinde gewählt werden, sind hier nicht gemeint. Aus dem griechischen Wort presbyteros (Ältester) wurde das deutsche „*Priester*" abgeleitet, womit freilich wiederum etwas anderes als das Ältestenamt gemeint ist: Das Priestertum hat die Funktion des Opfers und der Fürbitte. Nr. 17 bietet Begriffsklärungen, inwiefern vom Hohenpriester Jesus Christus, vom allgemeinen Priestertum der Gläubigen und in einigen Kirchen vom besonderen Amts- oder Weihepriestertum gesprochen wird.

Die Begriffsklärungen sind wichtig, weil „Amt" kein biblischer Ausdruck ist, sondern erst in späteren Reflexionen für verschiedene Funktionen und Dienste in der Kirche gebraucht wurde. Das paulinische „diakonia tes katallages" (2 Kor 5,18), der Dienst der Versöhnung, meint nicht ohne weiteres das ordinierte Amt. So ist vom Vokabular her die immer wieder begegnende Redeweise problematisch, Christus habe das geistliche Amt seiner Kirche „eingestiftet" (Rom/LWB II Nr. 85, vgl. Anm. 27). Wer und was ist hier mit „Amt" gemeint?

Theologische Begründung des ordinierten Amtes

Die Lima-Erklärung redet im Singular vom ordinierten Amt und löst diesen neutrischen Begriff sogleich in personale Bezüge auf. „Das Amt" wird eigentlich gar nicht beschrieben, vielmehr wird von den Amtsträgern, von „Personen" und ihrer „Sendung" gesprochen (Nr. 8): „Personen, die öffentlich und ständig dafür verantwortlich sind, auf ihre (der Kirche) fundamentale Abhängigkeit von Jesus Christus hinzuweisen, und die dadurch innerhalb der vielfältigen Gaben einen Bezugspunkt ihrer Einheit darstellen." Drei Begriffspaare springen ins Auge: „öffentlich und ständig", „Abhängigkeit von Jesus Christus" und „Bezugspunkt der Einheit".

Die VELKD findet ihre Intention wieder, das Besondere des ordinierten Amtes mit den Funktionsbegriffen „Öffentlichkeit und Einheit" zu umreißen[17]). Reformierte werden in Anlehnung an Calvin zustimmen, daß im Amt die Herrschaft Christi zum Ausdruck kommen soll — ein Aspekt, der im Luthertum nicht so stark betont wird, aber durchaus Beachtung verdient. Wie das Amt die Abhängigkeit von Jesus Christus zum Ausdruck bringen kann — in Gottesdienst, Pastoral, Mission usw. — müßte noch entfaltet werden. Die christologischen und pneumatologischen Beziehungen des Amtes sollten nicht nur im Zusammenhang von Ordination und apostolischer Sukzession Beachtung finden, sondern vor allem im Vollzug des Amtes selbst.

Katholiken und Orthodoxe werden den Lima-Formulierungen Nr. 8 zustimmen können, aber darüber hinaus die sakramentale repraesentatio Christi durch die Amtsträger betonen. Über die funktionalen Kategorien hinaus ging das Zweite Vatikanische Konzil der römisch-katholischen Kirche, wenn es in der Kirchenkonstitution „Lumen gentium" Nr. 10 erklärte, das allgemeine Priestertum der Gläubigen und das besondere hierarchische Weihepriestertum unterschieden sich dem Wesen und nicht nur dem Grade nach; hier ist der ontologische Status des Amtsträgers selbst im Blick, nicht nur seine Verantwortung oder Funktion.

Evangelische Christen vermissen freilich ebenfalls in Nr. 8 das ihnen wichtigste bei einer Amtsdefinition: daß nämlich das Amt vom Worte Gottes her und als „Dienst des Wortes" zu verstehen ist. In Nr. 11 und Nr. 13 wird zwar die Verkündigung neben der Sakramentsfeier und der Gemeindeleitung als Aufgabe des Amtes hervorgehoben. Aber wenn schon in Nr. 8 programmatisch von dem die Rede ist, was „konstitutiv" für Kirche und Amt ist, dann müßte vor allem gesagt werden, daß das Wort Gottes und die Sakramente die Kirche konstituieren. Dies ist zwischen

---

[17]) S. Anm. 1.

den Kirchen unbestritten. Warum wird es dann nicht entfaltet? Schwieriger ist die Frage zu beantworten, in welcher Weise das ordinierte Amt als „konstitutiv für das Leben und Zeugnis der Kirche“ (Nr. 8) bezeichnet werden kann, wenn doch Wort und Sakrament die Kirche begründen. Nr. 8 ist der Versuch, das ‚evangelische‘ funktionale und das ‚katholische‘ konstitutive Interesse durch eine Formel zu versöhnen, auf Kosten vermutlich der Freikirchen.

Was heißt „konstitutiv“?

Wohl nicht nur, daß faktisch in allen Kirchenverfassungen („Konstitutionen“) ein ordiniertes Amt vorgesehen ist, sondern eher, daß dieses ordinierte Amt zum Wesen der Kirche gehört, daß es also keine wahre Kirche gibt, wo nicht das ordinierte und gegliederte Amt vorhanden ist. Seit Beginn der ökumenischen Bewegung ist die Tendenz zu beobachten, sich auf eine solche konstitutive Bedeutung des ordinierten Amtes zu einigen[18]).

Im Accra-Text von 1974 hieß es (Nr. 13): „Dieses besondere Amt war damals (zur Zeit des Neuen Testaments) wesentlich — es ist wesentlich in allen Zeiten und Verhältnissen.“ Der Satz wurde von Rom/LWB II Nr. 17 zitiert, bevor Rom/LWB II Nr. 18 erklärt, daß „die Existenz eines besonderen Amtes bleibend konstitutiv für die Kirche“ sei.

Vermutlich können die *Reformierten* Nr. 8 im wesentlichen unterschreiben. Calvin fand in der Heiligen Schrift eine klare Ordnung, „in der die Kirche nach dem Willen des Herrn regiert werden soll“ (Institutio IV, 3,1); die Aufgaben der Pastoren (Hirten), Lehrer, Diakone und Presbyter sind als Elemente beständiger Ordnung vorge-

---

[18]) Lausanne 1927, s. S. 109 (auf Englisch: „essential for being and wellbeing“).

geben. Die reformierten Bekenntnisschriften sind weitgehend Calvin gefolgt[19]).

Das *Luthertum* präsentiert sich vielschichtiger in der Amtsfrage. Es kann mit dem Augsburger Bekenntnis V betont werden,

- daß nur Wort und Sakrament die Mittel des Heiligen Geistes sind, um den Glauben zu wecken und
- daß das „Predigamt" eben nichts anderes besage, als daß die Kirche insgesamt die Aufgabe hat, Gottes Wort zu verkündigen.

Ein durch Ordination begründetes Amt (Augsburger Bekenntnis XIV) gilt als kirchliche Ordnung, diese selbst betrifft aber nicht das Wesen der Kirche. Weil zur Verkündigung des Wortes Gottes ein Verkündiger gehört, und weil es konsequent ist, sinnvolle Gliederungen des Verkündigungsdienstes vorzunehmen, ist es besser zu sagen, das ordinierte Amt sei konsekutiv statt konstitutiv. Von daher erhebt sich Widerspruch gegen Nr. 8. Diese Dialektik, einerseits das ordinierte Amt für eine selbstverständliche Ordnung der Kirche zu halten und es sogar in Analogie zu Jesu Jüngerberufungen und biblischen Aussagen als grundsätzlich gottgewollt zu bezeichnen, andererseits aber strikt nur Wort und Sakrament als konstitutiv für die Kirche gelten zu lassen, ist vor allem in der Absicht begründet, der Gefahr einer Verselbständigung des Amtes, konkret der Autorität der Amtsträger, entgegenzutreten[20]).

Der vorgestellten Interpretation vom Augsburger Bekenntnis V wird von anderen Lutheranern entgegengehalten, das ordinierte Amt sei der Sache nach in der

---

[19]) Über die Entwicklung des Amtsbegriffs vgl. den Artikel Amt/Ämter/Amtsverständnis, in TRE Bd. II, Berlin 1978, 500-622, von Sven S. Hartmann, Diethelm Michel, Clemens Thoma, Jürgen Roloff (Neues Testament), Richard P. C. Hanson (Alte Kirche), Holsten Fagerberg (Reformation bis 19. Jh.) Carl Heinz Ratschow (systematisch-theologisch).

[20]) Diese Linie wird beispielsweise in den „Überlegungen zur Ordination heute" deutlich, welche die Arnoldshainer Konferenz 1970 vorlegte (in Burgsmüller/Frieling 40-45); ähnlich auch die Stellungnahme des Theologischen Ausschusses der VELKD von 1970 (ebd. 70-73).

Predigt des Evangeliums und in der Verwaltung der Sakramente impliziert und gehöre somit zur Wesensbestimmung der Kirche; es sei „heilsnotwendig", sofern es Voraussetzung dafür ist, den rechtfertigenden Glauben zu erlangen[21]). Eine Gesamtschau der Artikel des Augsburger Bekenntnis V (Predigtamt), VII (Kirche), XIV (Kirchenregiment) und XXVIII (Bischöfe) zeigt, daß in Artikel V nicht einfach das allgemeine Amt der Kirche oder aller Christen gemeint ist, sondern das ordinierte Amt. Mit dieser Haltung kann Nr. 8 rezipiert werden (mit dem Vorbehalt, daß im einzelnen über Wesen und Funktionen des ordinierten Amtes und der Amtsträger und über den Inhalt der Evangeliumsverkündigung Einmütigkeit erzielt wird!).

Im Streit um die „konstitutive" Bedeutung des Amtes fallen wichtige Vorentscheidungen für das Ordinationsverständnis (und umgekehrt!) und für die Freiheit oder das Vorgegebensein der Ämtergliederung. Weiterführend wollten die lutherisch-katholischen Gespräche über das Augsburger Bekenntnis sein. Die offizielle Gesprächskommission zwischen Rom und LWB stellte fest, ein besonderes ordiniertes Amt sei „für die Kirche konstitutiv", aber dem Wort Gottes und der Sakramentsfeier untergeordnet: Gott sammelt die Gemeinde „durch Verkündigung des Evangeliums und Spendung der Sakramente und das dazu von ihm eingesetzte Amt"[22]). Drückt diese den Dienst und die Unterordnung betonende Formulierung einen Konsens aus oder handelt es sich um einen verbalen Kompromiß (zwischen den lutherischen Voten und auch zwischen der lutherischen und der katholischen Position), hinter dem sich gravierende Unterscheidungen in der Sache verbergen? Diese Frage ist am Ordinationsverständnis sowie an der Ämtergliederung inklusive des Problems der apostolischen Sukzession auszumachen.

---

[21]) Vgl. z. B. die Beiträge von George Lindbeck/Avery Dulles und Harding Meyer/Heinz Schütte in Confessio Augustana. Bekenntnis des einen Glaubens, Paderborn/Frankfurt 1980, 140-168, 169-197 (der Begriff „heilsnotwendig" begegnet bei Meyer/Schütte S. 188).

[22]) Alle unter einem Christus, in MdKI 31, 1980, 54f, hier 55.

Zu beachten ist also, worauf sich jeweils das Wort „konstitutiv“ bezieht: in einigen Texten heißt es „für die Kirche“, in Nr. 8 „für das Leben und Zeugnis der Kirche“. In den lutherisch-reformierten Fortsetzungsgesprächen zur Leuenberger Konkordie haben mehrere Regionalgruppen die Amtsfrage behandelt; die Nordgruppe (mit EKD) formulierte folgende reformatorische Übereinstimmung: Aufgabe des ordinierten Amtes ist es, „auf den für die Kirche konstitutiven Dienst Jesu Christi selbst in Wort und Sakrament hinzuweisen ... Die Kirche ist weder auf das ‚Amt‘ gegründet (das traditionelle hierarchische katholische Mißverständnis), noch ist das ‚Amt‘ vom allgemeinen Priestertum abgeleitet, und von der Gemeinde selbst ‚um der Ordnung willen‘ eingerichtet (ein verbreitetes protestantisches Mißverständnis)“[22a]).

Die meisten *Freikirchen* können kaum anerkennen, daß ein ordiniertes Amt „konstitutiv“ für die Kirche ist. Mit mehr oder weniger kleinen Abweichungen betonen die Baptisten, Mennoniten, Quäker, Pfingstler und der Bund für evangelische Gemeinden das Gemeindeprinzip[23]). Die Ortsgemeinden sind gewissermaßen die höchste Instanz. Sie können Älteste und Prediger (= ordinierte Pastoren) frei berufen; die übergemeindlichen Vereinigungen und Bundesleitungen haben keinerlei Weisungsbefugnisse gegenüber den Gemeinden.

Es bleibt abzuwarten, wie die Freikirchen auf einige Anregungen des Limapapiers reagieren. Vielleicht können sie ihr Pastorenamt als öffentlichen Dienst an Wort und Sakrament und als Zeichen der fundamentalen Abhängigkeit von Christus begreifen; aber sie werden wohl auch deutlich sagen, daß im Grundansatz des Limatextes kei-

---

[22a]) In André Birmele (Hg.): Konkordie und Kirchengemeinschaft reformatorischer Kirchen im Europa der Gegenwart. Texte der Konferenz von Driebergen (1981), Frankfurt 1982, 57.

[23]) Als erste baptistische Stellungnahme vgl. Eduard Schütz: Die Freikirchen vor der ökumenischen Diskussion um das kirchliche Amt, in Una Sancta 37, 1982, 133-141. Weitere Konfessionen wie die der Methodisten, der Brüder-Unität oder der Heilsarmee können hier nicht mit ihren Verfassungen im einzelnen vorgestellt werden. Vgl. Erwin Fahlbusch: Kirchenkunde der Gegenwart, Stuttgart 1979.

neswegs von einer Konvergenz zwischen freikirchlichen und anderen Amtsauffassungen die Rede sein könne, vielmehr seien ihre Überzeugungen hier von den Großkirchen überrollt worden.

Der Streit um „konstitutiv oder nicht“ mutet vielleicht wie überflüssiges konfessionelles Theologengezänk an. Spielen die theologischen Begründungen eine Rolle, wenn doch nahezu alle Kirchen ein ordiniertes Amt haben? Diese verständliche Frage darf nicht isoliert gesehen werden, sie gehört in den Zusammenhang weiterer Probleme wie dem Verhältnis von Amt und Gemeinde, von Amt und Amtsträger(innen), von Charismen und Amtscharisma, von vorgegebenen gottgewollten Strukturen und kirchlicher Gestaltungsfreiheit. Bei diesen Fragen entscheidet sich letztlich auch, ob das Problem „konstitutiv oder nicht“ zwischen den Kirchen einer Lösung nähergebracht werden kann. Der erneute Versuch von Nr. 8, mit einer Konvergenzformel auf dem Weg der Addition und Subtraktion der verschiedenen Bekenntnisse Glaubenseinheit zu erzielen, ist — jedenfalls bei dieser Frage — nicht befriedigend. Im entscheidenden Punkt ist man nicht über Lausanne 1927 hinausgekommen.

Bezüglich der grundsätzlichen theologischen Begründung des ordinierten Amtes (bes. Nr. 8) sei festgehalten:

- Die evangelischen Kirchen müssen gemeinsam mit den anderen Kirchen klären, wie das Amt die fundamentale Abhängigkeit von Jesus Christus zum Ausdruck bringen kann. Eine stärkere Betonung des Dienstes an Wort und Sakrament wird dabei ein besonderes evangelisches Anliegen sein.
- Die evangelischen Kirchen können zustimmen, daß die Kirche Personen braucht, die öffentlich und ständig für die Verkündigung des Wortes Gottes und die Feier der Sakramente verantwortlich sind und so einen Bezugspunkt kirchlicher Einheit darstellen.
- Die evangelischen Kirchen müssen untereinander und im ökumenischen Gespräch klären, inwiefern es richtig oder illegitim ist, dem ordinierten Amt bzw. den Amtsträgern eine „konstitutive“ Bedeutung für das Leben und Zeugnis der Kirche zuzumessen. Es wäre für die ökumeni-

sche Zukunft nicht verheißungsvoll, in dieser Frage mit verbalen Kompromißformeln Einheit vorzutäuschen.

Schrift und Tradition

Um die exegetischen und historischen Ausführungen der Lima-Erklärung zum Amt richtig würdigen zu können, seien thesenartig die traditionellen Positionen der Kirchen in Erinnerung gerufen.

Evangelische Theologie betont das Schriftprinzip, d. h. die Bibel gilt als Norm und zwar als apostolisches Urzeugnis von Jesus Christus und als ein unter Führung des Heiligen Geistes entstandenes Dokument der kirchlichen Tradition. Wo der Schriftenkanon offen ist, beispielsweise für die Freiheit des Geistes, der in unterschiedlichen Strukturen wirken kann, darf die Kirche die konkrete Ausgestaltung der kirchlichen Dienste jeweils funktionsgerecht und dem Auftraggeber Christus und dem Empfänger gemäß neu regeln.

Die traditionelle römisch-katholische und die orthodoxe Theologie schränken hingegen die Offenheit für immer neue Aktualisierungen der kirchlichen Ordnung ein. Sie sehen die Struktur der Kirche, wie sie sich in den ersten Jahrhunderten bis zur hierarchisch-episkopalen Verfassung entwickelt hat und von Ökumenischen Konzilien bestätigt wurde, als unter Führung des Heiligen Geistes entstanden an; sie stehe daher nicht beliebig zur Auswahl. Das zeitliche Zusammenfallen der Bildung des Schriftenkanons und der Durchsetzung der hierarchisch-episkopalen Struktur nötige dazu, die Heilige Schrift sowohl in ihrer Ganzheit wie in ihrer wesentlichen Zusammengehörigkeit mit der Kirche zu befragen.

Den Orthodoxen gilt die Heilige Apostolische Überlieferung, wie sie in der Bibel, in mündlichen Überlieferungen der Apostel und in den Ökumenischen Konzilien festgehalten wurde als abgeschlossen. Römisch-katholischerseits hat die Kirche, konkret das bischöfliche Lehramt, auch für weitere Generationen eine entscheidende Rolle bei der Auslegung der Offenbarung gewonnen. So konnte die römisch-katholische Kirche beispielsweise in der Entwicklung des Papstprimats eine authentische Führung des Heiligen Geistes sehen und im Ersten Vatikanischen Konzil 1870 das Dogma von der Unfehlbarkeit und dem Jurisdiktionsprimat des Papstes beschließen, nicht als neue Offenbarung, sondern als authentische Auslegung der Heiligen Schrift und des Ganzen des gewordenen Glaubens der Kirche.

Vor diesem Hintergrund bekommen die Konvergenzerklärungen des Limatextes besonderes Gewicht. Die exegetischen und historischen Ausführungen sind vom allseitigen Bemühen getragen, aufeinander zu hören, um vielleicht in den vordergründig fremden Amtsstrukturen der anderen Kirchen die eigenen Intentionen aufzuspüren. Für evangelische Leser aufhorchend und vielleicht aufschreckend ist freilich die im Vorwort gestellte Leitfrage „in welchem Maße Ihre Kirche in diesem Text den Glauben der Kirche durch die Jahrhunderte erkennen kann“ [24]).

Die Kontinuität der Evangeliumsverkündigung durch die Jahrhunderte bleibt sicherlich für die evangelischen Kirchen wichtig, aber die pauschale Frage nach „dem“ Glauben „der“ Kirche in der Geschichte kann nur differenziert beantwortet werden. Dieser erscheint nämlich durch die Jahrhunderte hindurch in vielfältigen historischen Bedingungen, Einseitigkeiten und auch Irrungen.

• Eine evangelische Antwort auf die Lima-Erklärung müßte die Frage aufgreifen, wie sich der ökumenische Bezug auf die Heilige Schrift, wie er auch in der „Basisformel“ des Ökumenischen Rates der Kirchen festgehalten ist, zu dieser neuen Formel „der Glaube der Kirche durch die Jahrhunderte“ verhält [25]).

---

[24]) Lima-Erklärung S. 7; das Vorwort war in Lima bekannt und dürfte somit unter der Autorität der gesamten Kommission für Glauben und Kirchenverfassung stehen; unterschrieben ist es vom Vorsitzenden Nikos Nissiotis und vom Genfer Sekretariatsdirektor William H. Lazareth.

[25]) Die Basisformel des ÖRK lautet: „Der Ökumenische Rat der Kirchen ist eine Gemeinschaft von Kirchen, die den Herrn Jesus Christus gemäß der Heiligen Schrift als Gott und Heiland bekennen und darum gemeinsam zu erfüllen trachten, wozu sie berufen sind, zur Ehre Gottes, des Vaters, des Sohnes und des Heilgen Geistes.“ — Die einzelnen exegetischen und historischen Bezüge der Amtsproblematik werden aufgegriffen in II Die Kirche und das ordinierte Amt; vgl. insbesondere B. Amt und Autorität, C. Amt und Priestertum, D. Frauenordination; vgl. auch V. Ordination.

III. Formen des ordinierten Amtes

Dieses Kapitel konzentriert sich auf die altkirchliche Dreigliederung in Bischöfe, Presbyter und Diakone (Nr. 19-25, 28-31), nur beiläufig ist von der Vielfalt der Charismen neben dem ordinierten Amt die Rede (Nr. 32-33), dazwischen stehen „Leitlinien zur Ausübung des ordinierten Amtes in der Kirche", welche die „persönliche" und „kollegiale" Amtsführung herausstellen, bevor von der „gemeinschaftlichen Dimension" die Rede ist, womit die Verwurzelung des Amtsträgers in der Gemeinde und „die wirksame Teilnahme der Gemeinschaft an der Erkenntnis von Gottes Willen und der Leitung des Geistes" gemeint ist.

Die erste Reaktion vieler evangelischer Leser wird ein Unbehagen sein. Finden die evangelischen Erfahrungen mit einer vielgestaltigen Amtsstruktur so wenig Beachtung und Anerkennung in der Ökumene? Muß wirklich vom ordinierten Amt her zur — so mag es trotz des ersten Kapitels über die Berufung des ganzen Volkes Gottes klingen — auch noch wünschenswerten Teilnahme der Gemeinde und zur Vielfalt der Charismen hin gedacht werden, statt umgekehrt? Diese kritischen Fragen müssen im weiteren Dialog des ÖRK über die Lima-Erklärung aufgegriffen werden, aber sie sollten die evangelischen Kritiker nicht veranlassen, den ganzen Text als irrelevant zur Seite zu legen.

Evangelische Christen können zur Lima-Erklärung Zugang finden, wenn von der geschichtlichen Entwicklung des dreigliedrigen Amtes her zugleich die Notwendigkeit seiner Reform mitbedacht wird (Nr. 24). Es ist dann nicht Rechthaberei oder ein rhetorischer Trick, wenn

- aufgespürt wird, wie in mancher Hinsicht in den evangelischen Kirchen die dreigliedrige Form des Amtes durchaus bewahrt ist, obwohl sie rein formal nicht beibehalten wurde, und wenn
- die Funktionen der „Aufsicht" (episkopé), des pastoralen Dienstes an Wort und Sakrament (Presbyter, Pfarrer), des Dienstes in der Welt (Diakonie) und das Verhältnis von Amt und Gemeinde, von Ordinierten und Nichtordinierten in den evangelischen Kirchen überprüft

und — durch ökumenische Erfahrungen bereichert — erneuert werden.

Der neutestamentliche und historische Befund

Nr. 9, 10, 19 und 21 Kommentar beschreiben kurz und treffend den weitgehenden Konsens in der modernen historisch-exegetischen Forschung. Jesu Berufung der zwölf Jünger „zu Repräsentanten des erneuerten Israel" (Nr. 10) ist wichtig für die Sendung des ganzen Volkes Gottes, bedeutet aber nicht, daß der irdische Jesus ein ordiniertes Amt gestiftet hat (was die Lima-Erklärung nicht eigens erwähnt). „Die Rolle der Apostel als Zeugen für die Auferstehung Christi ist einzigartig und unwiederholbar" (Nr. 10). Die Urform des kirchlichen Amtes ist das Amt der Apostel, das im Sendungsauftrag des Auferstandenen und im Kommen des Heiligen Geistes begründet ist. „So wie Christus die Apostel auserwählt und ausgesandt hat, so fährt Christus durch den Heiligen Geist fort, Personen für das ordinierte Amt auszuwählen und zu berufen" (Nr. 11). Der Akzent liegt hier darauf, daß „die grundlegende Realität eines ordinierten Amtes von Anfang an" bestanden habe (Nr. 11 Kommentar; in Nr. 8 heißt es, „seit sehr früher Zeit"). Zugleich wird betont, daß „die tatsächlichen Formen der Ordination und des ordinierten Amtes sich jedoch in komplexen geschichtlichen Entwicklungen herausgebildet" haben (Nr. 11 Kommentar; vgl. Nr. 19, Nr. 21 Kommentar).

Nr. 19ff skizziert die Vielfalt von Formen im Neuen Testament und in der frühen Kirche: die allmähliche Bildung des dreifachen Amtes von Bischof, Presbyter und Diakon im zweiten und dritten Jahrhundert, aber auch die Änderungen, die dieses dreifache Amt in der Geschichte der Kirche erfahren hat. Ursprünglich bezog es sich „auf die örtliche eucharistische Gemeinschaft", erst später („jedoch schon bald", Nr. 21) begannen die Bischöfe, gleichzeitig die Aufsicht (episkopé) über mehrere Ortsgemeinden wahrzunehmen. Was diese geographische Umorientierung der episkopé theologisch bedeutet, warum sich (in Ost und West unterschiedlich) die Auffassung entwickelte, erst das Bischofsamt besäße die Fülle des

Weihesakraments und vermittele authentisch die apostolische Sukzession, wird in der Lima-Erklärung nicht erörtert — obwohl dies eine der entscheidenden Fragen der gesamten Amtsproblematik ist.

Nicht entfaltet wird ferner, wie in nachkonstantinischer Zeit die Hochschätzung des ordinierten Amtes damit zusammenfiel, daß die Bischöfe zugleich kaiserliche Repräsentanten wurden und daß diese ‚Hofierung' des Amtes teilweise bis heute in liturgischen Gewändern, Gebärden und Verehrungsgesten spürbar ist; auch die hierarchische Gliederung sowie die Absonderung des Klerus von den Laien, das „Gegenüber" von Amt und Gemeinde, wurde nicht allein theologisch-christologisch begründet, sondern ist Spiegelbild weltlicher Herrschaftsstrukturen. Es ist schade, daß im Limatext nicht der Mut gefunden wurde, nach Konvergenzen in der Beurteilung dieser historischen Entwicklungen zu fragen. Es wäre dann der beiläufige Satz in Nr. 24 zu *dem* Angelpunkt des ganzen Textes geworden: „Die dreigliedrige Amtsstruktur bedarf offenkundig einer Reform." (Hiervon wird im nächsten Abschnitt die Rede sein.)

Ökumenisch brisant ist das Urteil in Nr. 22. Die Kontroversen werden in einem Satz aufgefangen, der dreimal mit „obwohl" die legitime Vielfalt von Amtsstrukturen anerkennt und der dann mit einem „könnte dennoch" nur das dreifache Amt als Ausdruck und Mittel der Einheit in den Blick faßt: „Obwohl es keine einheitliche neutestamentliche Struktur gibt, obwohl der Geist die Kirche oftmals dazu gebracht hat, ihre Ämter den kontexttuellen Bedürfnissen anzugleichen und obwohl andere Formen des ordinierten Amtes mit den Gaben des Heiligen Geistes gesegnet worden sind, könnte dennoch das dreifache Amt des Bischofs, Presbyters und Diakons heute als ein Ausdruck der Einheit, die wir suchen, und auch als Mittel, diese zu erreichen, dienen."

Das „könnte" ist für Kirchen, welche im dreifachen hierarchisch-gegliederten Amt ein göttliches Recht sehen, sicherlich zu milde formuliert; sie sind hier den anderen Kirchen entgegengekommen. Es wird sich zeigen müssen, ob dieser Verzicht auf dogmatische Aussagen und diese Konvergenz auf der praktischen Ebene von den orthodoxen Kirchen und der römisch-katholischen Kirche akzeptiert wird. Die Antwort hängt nicht allein von der Strukturfrage ab, sondern von der inneren Begründung des Amtes durch das Verständnis der apostolischen Sukzession und der Ordination (von denen Nr. 34-50 erst später spricht). Die anderen Kirchen wiederum werden gewissermaßen beim Wort genommen: Da die Amtsstruktur dogmatisch nicht eindeutig festgelegt ist, müßte es doch eigentlich keine Schwierigkeit bedeuten, das dreigliedrige Amt zu akzeptieren. Was in den frühen Jahrhunderten allgemein galt und bis heute von vielen Kirchen beibehalten wird (Nr. 22), könnte doch „einen gewichtigen Anspruch darauf erheben" (Nr. 25), von allen Kirchen übernommen zu werden.

- Sind die evangelischen Kirchen bereit, das dreigliedrige Amt zu übernehmen? Die Antwort wird zwiespältig ausfallen: einerseits könnte gezeigt werden, wie das dreigliedrige Amt in den evangelischen Kirchen faktisch ausgeübt wird, andererseits wird sich dabei jedoch erweisen, daß ein nicht-römisch-katholisches und nicht-orthodoxes Verständnis von Ordination und apostolischer Sukzession zugrundeliegt.

Das dreigliedrige Amt in den evangelischen Kirchen

Obwohl das dreigliedrige Amt des Bischofs, Presbyters und Diakons als Ausdruck und Mittel kirchlicher Einheit allen Kirchen anempfohlen wird, heißt es überraschenderweise in Nr. 28, für eine gegenseitige Anerkennung des ordinierten Amtes sei keine Einheitlichkeit erforderlich, wenn es um „die Funktionen und sogar Titel" dieser Ämter gehe. Den evangelischen Kirchen kommt diese Auskunft einerseits nahe, andererseits stellt sich die Grundfrage, wie die Dreigliedrigkeit zu werten ist: Handelt es sich um funktionsgerechte Auffächerungen des einen Amtes der Evangeliumsverkündigung und Sakramentsverwaltung, theologisch-dogmatisch also prinzipiell um eine Gleichrangigkeit? Oder wird eine hierarchische Ordnung vorausgesetzt, nach der die Fülle des Amtes nur beim Bischof gegeben ist, während die „Presbyter" und „Diakone" nur Anteile daran haben und vom Bischofsamt abhängen? Die Auskunft, hier handele es sich „für viele noch immer um eine ungelöste Frage von weitreichender ökumenischer Bedeutung“ (Nr. 24) ist sehr vage formuliert. Dahinter versteckt sich die harte Kontroverse, daß für römische Katholiken (und ähnlich für Orthodoxe) die hierarchische Struktur dogmatisch unerläßlich ist[26]) und daß sie im Protestantismus dogmatisch abgelehnt wird und nur auf der praktischen Ebene eine sinnvolle funktionale Aufgliederung des einen Amtes an Wort und Sakrament geschieht.

Mit diesem wichtigen Vorbehalt kann aufgezeigt werden, daß unter den Titeln *Bischof, Präses, Kirchenpräsident, Prälat, Propst, Superintendent und Dekan* die evangelischen Landeskirchen in Deutschland das Amt der Aufsicht (episkopé) in eben dem Sinne durchgehalten haben, wie Nr. 29 es beschreibt. Es gibt ja nirgendwo und es gab nirgendwann Gesetze, wie groß das Aufsichtsgebiet eines „Bischofs“ zu sein hat, und üblicherweise ist eine dieser evangelischen „Aufsichtspersonen“ gemeinsam mit anderen Ordinierten und mit der Gemeinde und Gesamtkirche auch verantwortlich „für die geordnete Weitergabe der Amtsautorität in der Kirche“, d. h. für die Ordination. Faktisch ist also nicht nur das Bischofsamt, sondern auch die episkopale Sukzession in den evangelischen Landeskir-

---

[26]) Zwischen der römisch-katholischen und der orthodoxen Position besteht folgender Unterschied: Die römisch-katholische Kirche unterscheidet zwischen Jurisdiktions- und Weihevollmacht; die Fülle des Ordinationssakraments besitzt nur der Bischof, so daß die Priesterweihe nur von der Bischofsweihe her betrachtet werden kann. Den Orthodoxen ist solche juridische Beschreibung der Amtsvollmacht fremd. Der Priester hat seine Weihevollmacht als mystische Kraft von Gott, nicht vom Bischof her, und dennoch gilt es als selbstverständliche apostolische Ordnung, daß der Bischof die oberste geistliche Person ist und daß die Kirche an die „sakramentale Energie“ der bischöflichen apostolischen Sukzession gebunden ist. — Für die lutherische Position vgl. die VELKD-Studie von 1980 in Baur (Hg.): aaO. (Anm. 1), 176 und 181f, wo die Gemeindeleitung episkopé genannt wird. Die Bischofskonferenz der VELKD erklärte im November 1982, der Bischof in der lutherischen Kirche sei ein „speziell beauftragter Pfarrer“, der Seelsorger für die Pfarrer, der zugleich eine besondere Sprecherfunktion gegenüber der Öffentlichkeit im Dienst an der Einheit der Kirche habe; LWI 25. November 1982, Nr. 50, S. 4.

chen durchgehalten worden und zwar in der „Absicht, das Amt von Wort und Sakrament weiterzugeben in Kontinuität mit der apostolischen Zeit“ (Nr. 52). Ob dies von den anderen Kirchen anerkannt wird, ist deren ökumenisches Problem und hängt offensichtlich nicht allein am Faktum der episkopé, sondern am Verständnis von Ordination, Sukzession und Hierarchie.

In der Orthodoxie und im Katholizismus ist — was die Lima-Erklärung nicht erwähnt — nur der Bischof Träger des authentischen *Lehramtes* in der Kirche. Wird diese Auffassung im ökumenischen Gespräch zur Bedingung der gegenseitigen Anerkennung gemacht, müßten die evangelischen Kirchen widersprechen. (Da die Lima-Erklärung das „Lehramt“ nicht weiter behandelt, wird hier auch nicht mehr dazu kommentiert.)[27])

Die episkopé sieht in vielen *Freikirchen* anders aus. Während die Methodisten das Bischofsamt kennen, betonen beispielsweise die Baptisten in „kongregationaler“ Weise das Gemeindeprinzip. Übergeordnete Gremien (z. B. die „Bundesleitung“) haben ausschließlich eine koordinierende Funktion, aber keine eigentliche und repräsentative Leitungsbefugnis. (In der baptistischen Ortsgemeinde selbst ist das dreigliedrige Amt nahezu klassisch erhalten: Pastor [ordiniert], Älteste und Diakone [nicht ordiniert, nicht hauptamtlich].) Daß die nichtepiskopalen Anliegen der Freikirchen in der Lima-Erklärung schlichtweg übergangen wurden, ist mehr als befremdlich. Kann man sich eine gegenseitige Anerkennung und Gemeinschaft im ÖRK vorstellen, die faktisch einem Ausschluß dieser Kirchen gleichkommt?

Auch das „Presbyteramt“ ist so, wie es in Nr. 30 beschrieben wird, im evangelischen *Pfarrer- oder Pastorenamt* für die Ortsgemeinde bewahrt. Über das Verhältnis

---

[27]) Die Gemeinsame römisch-katholische/evangelisch-lutherische Kommission: Das geistliche Amt in der Kirche, Paderborn/Frankfurt 1981 (Rom/LWB) behandelt diese Frage in Nr. 50-57. Zur Diskussion im ÖRK vgl. die Faith-and-Order-Konsultation in Odessa 1977 und dazu den Arbeitsbericht aus dem Deutschen Ökumenischen Studienausschuß (DÖSTA) „Verbindliches Lehren der Kirche heute“, beides in ÖR.B 33, Frankfurt 1978.

von „örtlicher eucharistischer Gemeinschaft“ und „Gemeinde“ (Ortsgemeinde) muß reflektiert werden (s. u.). Zur gegenseitigen Anerkennung dieses „Presbyteramtes“ ist dasselbe zu sagen wie zum „Bischofsamt“, und darüber hinaus stellt sich die Frage, ob für die Feier des Herrenmahls ein ordinierter Amtsträger unerläßlich ist — eine Frage, auf die der Limatext nicht sachgerecht eingeht.

Es wird nirgends bestritten, daß es zu den Aufgaben eines „Presbyters“ (Pfarrers) gehört, die Sakramente zu verwalten und die Feier zu leiten. Aber ob dieser Dienst „konstitutiv“ für die Sakramentsfeier ist, bleibt umstritten. In der römisch-katholischen Kirche beispielsweise wird dies grundsätzlich bejaht: erst die in der Ordination (Priesterweihe) vermittelte Amtsgnade ermöglicht die Wandlung der eucharistischen Elemente in Leib und Blut Christi. Zwar wird die römisch-katholische Lehre vom Meßopferpriestertum, wie sie sich vom Mittelalter bis zu Papst Johannes Paul II. darstellt, von Orthodoxen und Anglikanern nicht im Detail geteilt, aber im Prinzip wird auch bei ihnen der ordinierte Amtsträger für eine gültige Eucharistiefeier vorausgesetzt. In allen evangelischen Kirchen ist die Leitung der Sakramentsfeier eine Ordnungsfrage, nicht eine nach dem Wesen des Abendmahls. Die Lima-Erklärung verschweigt diese Kontroverse, wenn sie lediglich betont, der ordinierte Amtsträger bringe zum Ausdruck, daß Jesus Christus selbst der eigentliche Vorsitzende und Priester sei[28]). Diese „Konvergenz“ durch Verschweigen von Anliegen, die einige Kirchen für wesentlich halten, ist nicht tragfähig für eine Einigung der Kirchen.

Das *Diakonenamt* ist in Nr. 31 unklar beschrieben; hier spiegeln sich die Unterschiede in der Gestaltung des Diakonats in den Kirchen wider. „Dienst in der Welt“, Lektoren- und Predigerfunktion im Gottesdienst, Unterweisung und Verwaltungsaufgaben werden aufgezählt, und in Nr. 31 Kommentar wird zu Recht gefragt, inwiefern das

[28]) Nr. 14: „In den meisten Kirchen wird diese Leitung (Christi) durch einen ordinierten Amtsträger bezeichnet und repräsentiert.“ Vgl. Eucharistie Nr. 29.

„Diakonat" Teil des ordinierten Amtes ist, während für einzelne Aufgaben des Diakons und für etliche ähnliche Dienste in der Kirche nicht ordiniert wird. Diese und die weiteren Fragen in Nr. 31 Kommentar veranlassen, intensiver als es in der Lima-Erklärung möglich war, das Verhältnis von Liturgie und Diakonie näher zu behandeln, um von einem umfassenden Verständnis von „Verkündigung des Evangeliums in Wort und Tat" her Kriterien für eine sinnvolle Ämtergliederung und die Diakonie der Kirche zu gewinnen[29]).

In den evangelischen Kirchen wird nur zum Amt der öffentlichen Wortverkündigung und Sakramentsverwaltung ordiniert, nicht zum Dienst von Diakonissen und Diakonen, obwohl auch sie ihre Aufgabe als Teil des umfassenden Verkündigungsauftrages der Kirche wahrnehmen. Inwiefern kann, von der Lima-Erklärung angeregt, das Diakonenamt als Teil des einen Amtes verstanden werden, zu dem dann auch ordiniert wird? Wäre dies ein sinnvoller Weg, um die Einheit der Evangeliumsverkündigung in Wort und Tat zu unterstreichen?

Frauenordination

Nr. 18 beschreibt die unterschiedlichen Positionen der Kirchen bezüglich der Zulassung von Frauen zum ordinierten Amt. Die aufgeführten Gründe für die Frauenordination entsprechen der Einstellung und den Erfahrungen, die in der EKD seit einigen Jahrzehnten gemacht werden. Bei den angeregten erneuten ökumenischen Studien kann die EKD ihre Erfahrungen einbringen[30]).

Wenn dagegen katholischer- und orthodoxerseits „die Macht einer 1900jährigen Tradition" angeführt wird, muß

---

[29]) Vgl. Faith-and-Order Paper 2 „Das Amt der Diakonie", Genf 1965.

[30]) Vgl. die ÖRK-Studie „Zur Frage der Ordination der Frau", Genf 1964. — Im lutherisch/katholischen Dialog erklärten die römisch-katholischen Delegierten überraschenderweise im Jahre 1981, es sei ein Konsens über das Wesen des Amtes möglich, ohne daß in der Frage der Frauenordination Einigkeit erzielt würde: vgl. Rom/LWB Nr. 25, ferner ebd. S. 102-126 die Studie von Hervé Legrand OP/John Vikström „Die

versucht werden, über solch ein formales Kriterium rasch zu sachlichen Argumenten zu kommen. Nr. 18 Kommentar nennt theologische Gesichtspunkte „im Blick auf die Natur des Menschseins und der Christologie". Hier ist tatsächlich mit der Frage einzusetzen, ob der neue Adam Jesus Christus den Mann oder den Menschen schlechthin repräsentiert und ob eine „repraesentatio Christi" geschlechtsspezifisch orientiert sein muß oder eben nicht.

Amt und Gemeinde

Nach dem ersten Kapitel „Die Berufung des ganzen Volkes Gottes" kommt auch später, wenn vom „ordinierten Amt" die Rede ist, durchaus noch die Gemeinde vor. Nicht nur als Objekt der pastoralen Verantwortung der Amtsträger, sondern es heißt, die Amtsträger seien „an die Gläubigen in wechselseitiger Abhängigkeit und Zusammenarbeit gebunden" (Nr. 16). „Antwort und Anerkennung der Gemeinschaft" müsse gesucht werden, ohne daß die Amtsträger „von der allgemeinen Meinung der Gemeinschaft abhängig werden" (Nr. 16). Und bei den Leitlinien in Nr. 26 und Nr. 27 heißt es, „auf die aktive Teilnahme aller Glieder am Leben und Entscheidungsprozeß der Gemeinschaft" müsse „nachhaltige Betonung" gelegt werden (Nr. 27).

Diesen wohlklingenden Worten stimmen alle Kirchen zu, aber die Formulierungen verdecken, daß in den Kirchenverfassungen ganz unterschiedliche Konsequenzen gezogen werden und daß gerade darin viel Konfliktstoff liegt, der einer Konvergenz oder gegenseitigen Anerken-

---

Zulassung der Frau zum Amt". — Im anglikanisch/katholischen Dialog spielte die Frauenordination mehrfach eine kontroverse Rolle, u. a. in einem Briefwechsel zwischen Papst Paul VI. und dem Erzbischof von Canterbury Donald Coggan im Jahre 1975; die römische Glaubenskongregation dämpfte 1982 alle Hoffnungen auf eine Verständigung durch ihre Erklärung zum anglikanisch/katholischen Dialogergebnis, in MdKI 33, 1982, 77f.

nung noch zugeführt werden muß. Dies zu verschweigen, ist ein großer Nachteil der Lima-Erklärung!

Die „aktive Teilnahme am Entscheidungsprozeß“ kann bedeuten, daß es „Gemeinderäte“ gibt, die wirklich nur beraten oder höchstens in untergeordneten Fragen des Gemeindelebens und der Verwaltung etwas beschließen, die aber vom Lehr- und Leitungsamt in der Kirche ausgeschlossen sind. In der katholischen und orthodoxen Kirche ist dies der Fall: zwar empfängt die Gesamtheit der Gläubigen vom Heiligen Geist den „übernatürlichen Glaubenssinn“, aber nur die Priester und Theologen werden Mitarbeiter am Verkündigungs- und Lehramt der Bischöfe genannt[31]), eigentlicher Träger des Lehr- und Leitungsamtes ist also der Bischof — auch in einer Ortsgemeinde, wo der Pfarrer den Bischof vertritt[32]). „Synoden“ und „Konzilien“ sind Versammlungen von Bischöfen. Erst in jüngster Zeit gibt es in der römisch-katholischen Kirche auch Pastoralsynoden (wie die sogenannte Würzburger Synode 1971-1975) mit Stimmrecht von Laiendelegierten; allerdings bedarf ein Synodenbeschluß der Zustimmung der zuständigen Bischofskonferenz und eventuell auch des Papstes.

In den evangelischen Kirchen wird diese „Hierarchie“ nicht praktiziert. Vielmehr ist — unbeschadet des ordinierten Dienstes an Wort und Sakrament — die Gemeinde durch gewählte Repräsentanten am Lehr- und Leitungsamt der Kirche beteiligt. „Der Kirchenvorstand leitet nach der Schrift und gemäß dem Bekenntnis die Gemeinde und ist für das gesamte Gemeindeleben verantwortlich. Er hat darauf zu achten, daß in der Gemeinde das Wort Gottes lauter verkündigt wird und die Sakramente recht verwaltet werden.“ So (wie in der Kirchenordnung der Evangelischen Kirche in Hessen und Nassau, Artikel 6) oder ähnlich lautet die Auskunft, wer in den Landeskirchen der EKD

---

[31]) Vgl. z. B. Zweites Vatikanisches Konzil, Dogmatische Konstitution über die Kirche Nr. 12, Dekret über Dienst und Leben der Priester Nr. 4.

[32]) Auf kleine Unterschiede im römisch-katholischen und orthodoxen Kirchenrecht kann hier nicht eingegangen werden.

die Gemeinde leitet und wofür nichtordinierte gewählte Gemeindeglieder zuständig sind.

Die Linie läßt sich „von unten nach oben" fortsetzen, indem auch den Dekanats-(Kreis-)Synoden und den Landessynoden für ihre jeweiligen Gebiete ähnliche Kompetenzen zugeschrieben werden. Die Synoden als Lehr- und Leitungsinstanz in der Kirche sind mehrheitlich aus nichtordinierten Gemeindegliedern zusammengesetzt; zwischen den Sitzungen sind die „Kirchenleitungen" und der „Bischof" (Präses, Kirchenpräsident) mit etlichen Mitarbeitern (Konsistorium, Oberkirchenrat) die Träger des Lehr- und Leitungsamtes. Diese Vielfalt und zum Teil auch Mischform von bischöflich-konsistorialer und presbyterial-synodaler[33]) Kirchenverfassung hat sich seit der Reformation entwickelt und nach übereinstimmender evangelischer Auffassung bewährt, weil so am besten die Berufung des ganzen Volkes Gottes zum Ausdruck kommt.

Dieses Verfassungselement widerspricht keineswegs dem evangelischen Verständnis des ordinierten Amtes: „Das so gebildete ‚Predigtamt' oder Amt der Kirche (ordo ecclesiasticus) steht als öffentliche Wahrnehmung der grundlegenden Lebensfunktion christlichen Glaubens in der Gemeinde. Es steht als Verkündigung des Evangeliums an das glaubende Hören im Auftrage Christi der Gemeinde zugleich gegenüber."[34])

In der Lima-Erklärung werden diese evangelischen Erfahrungen in völlig ungenügender Weise nur mit einem kleinen Satz angedeutet: „Die kollegialen und gemeinschaftlichen Dimensionen werden in regelmäßigen synodalen Zusammenkünften Ausdruck finden" (Nr. 27). Hier bleibt unklar, was eigentlich eine Synode soll. Die Arnoldshainer Konferenz hatte dies schon am Accra-Text moniert (aaO. 171).

• Da in allen Kirchen, wenn auch unterschiedlich, Synoden (Konzile) eine größere Rolle spielen als es die Lima-Erklärung zum Ausdruck bringt, und da der ÖRK

---

[33]) Presbyterial meint hier in evangelischer Terminologie die Vertretung durch einen Kirchenvorstand mit Nichtordinierten.
[34]) VELKD 1970, in Burgsmüller/Frieling: aaO., 71.

selbst als ein Ziel kirchlicher Einheit die „Konziliare Gemeinschaft“ vorgeschlagen hat, ist dringend eine weitere Erörterung dieses Themenbereichs nötig.

- Auf evangelische Erfahrungen bei der Beteiligung von Nichtordinierten am Lehr- und Leitungsamt in den Kirchenvorständen (Presbyterien) und Synoden sollte die ökumenische Gemeinschaft nicht verzichten. Solch ein Verzicht wäre einseitiges Ausscheiden, keine Konvergenz.

Reformen

Neben diesen kritischen Äußerungen mag die Lima-Erklärung jedoch auch Anlaß sein für einige weiterführende Überlegungen zur Reform von Amts- und Gemeindestrukturen. Der Text selbst bietet freilich keine konkreten Anregungen[35]); ein Weiterdenken ist angebracht an Sätzen wie „Die dreigliedrige Amtsstruktur bedarf offenkundig einer Reform“ (Nr. 24) und an Begriffen wie „örtliche eucharistische Gemeinschaft“ (Nr. 30), „Gemeinde“ (Nr. 30 und öfter), „gemeinschaftliche Dimension in der Ausübung des ordinierten Amtes“ (Nr. 26). Was könnte damit gemeint sein?

Nirgendwo und nirgendwann, in keiner Kirche und zu keiner Zeit wurde als klarer Wille Gottes festgelegt, wie groß eine „Ortsgemeinde“, „eine örtliche eucharistische Gemeinschaft“ (für einen Pfarrer) oder ein „Gebiet“ mehrerer Ortsgemeinden (für den Bischof) sein muß. Spielen wir einmal unbefangen die Möglichkeiten durch: Ein Dorf, eine Stadt, eine Provinz? Mehrere Dörfer, ein Straßenzug, zehn Hochhäuser? Hundert Familien, tausend Gemeindeglieder, dreitausend oder dreißigtausend Seelen (wie in Lateinamerika häufig auf einen Priester kommen)?

Was ist eine Gemeinde? Die unter dem schrecklichen Wort ‚drohende Theologenschwemme‘ sich anzeigende Entwicklung bietet Gelegenheit zu fragen, für wieviele Gemeindeglieder ein zur öffentlichen Wortverkündigung und Sakramentsverwaltung ordinierter Pastor sinnvollerweise zuständig sein sollte. Gibt es zur Klärung dieser

---

[35]) Vgl. jedoch die früheren Texte von Löwen 1971 und Accra 1974 (s. o. Anm. 9 und 10).

Frage theologische Kriterien? Oder nur pastorale und zweckmäßige Gründe — oder ganz banal nur die finanzielle Basis, wieviel Christen im Durchschnitt das Gehalt eines hauptamtlichen ‚Dieners des Wortes' bezahlen können? Nr. 46 sagt übrigens ausdrücklich, daß auch Personen das ordinierte Amt ausüben können, die in anderen Berufen und Anstellungsverhältnissen bleiben. Was würde eine eventuelle rigorose Verkleinerung unserer Pfarramtsbezirke zu einer Vielzahl von kleinen gottesdienstlichen Gemeinden mit nebenamtlichen ordinierten Amtsträgern bedeuten? Haben die Erfahrungen lateinamerikanischer Basisgemeinden eine Bedeutung für unsere volkskirchlichen „Kirchengemeinden"? Das Durchspielen dieser und vielleicht noch etlicher anderer Möglichkeiten von Gemeinde- und Amtsreformen führt zur Infragestellung des gegenwärtig zumindest in der EKD vorherrschenden Monopols des Pfarramtes als *des* Amtes in der Kirche.

Ein Pfarrer mit durchschnittlich dreitausend Gemeindegliedern und häufig mehreren Gottesdienststellen ist faktisch in Personalunion zugleich Verwaltungs- und Personalchef, Katechet und Gruppenleiter sowie „Diakon", „Presbyter" (gemäß der von der Lima-Erklärung gebrauchten Terminologie) und „Bischof" in dem in Nr. 29 und 30 beschriebenen Sinn. In der Alten Kirche hatten die Bischöfe häufig sicherlich weniger Gemeindeglieder zu betreuen, und die Fülle von Aufgaben im Pfarramt beinhaltet heute praktisch die Aufsicht über zahlreiche kleine Gemeinden, die wir aus soziologischen Gründen nicht „Gemeinde" nennen, oder die deshalb keine „örtliche eucharistische Gemeinschaft" sind, weil wir die Großgemeinde mit einem ordinierten Amtsträger für dreitausend Gemeindeglieder gewohnt sind. Die vielfältigen anderen Dienste und Ämter in der Gemeinde — die hauptamtlichen (männlichen und weiblichen) wie Diakon, Katechet, Kindergärtnerin, Organist, Küster, Verwaltungsangestellter und die nebenamtlichen wie Gruppenleiter, Bezirksobmann, Kirchenvorsteher — können und dürfen nicht einfach nur als die Mitarbeiterschaft des Pfarrers gelten.

Die römisch-katholische Kirche hat seit dem Zweiten Vatikanischen Konzil theologisch und praktisch für relativ klare Strukturen gesorgt und das „Laienapostolat", die

Formen der Mitverantwortung der Laien in der Kirche und die Ordnung pastoraler Strukturen geregelt[36]). In den evangelischen Landeskirchen wurden viele Überlegungen angestellt und zahlreiche Papiere produziert, aber eine durchgreifende Reform steht noch aus. Als Beispiele für die guten Ideen kostspieliger Arbeit kirchlicher Ausschüsse kann auf Stellungnahmen aus der „Arnoldshainer Konferenz", der Evangelischen Kirche der Union (EKU) und der Vereinigten Evangelisch-Lutherischen Kirche Deutschlands (VELKD) verwiesen werden[37]). Damit die Texte von 1970 nicht jetzt schon ein Stück liegengebliebener Kirchengeschichte werden, seien einige Aussagen in Erinnerung gerufen.

Arnoldshainer Konferenz:

„Es ist unbestreitbar und tragisch, daß aus der Betonung der Vollmacht des Predigtamtes und der Konzentration des gesamten kirchlichen Dienstes auf dieses eine Amt, nicht zuletzt gewiß auch aus bestimmtem Verlangen des Kirchenvolkes nach religiöser Sicherung, mehr und mehr sich das Bild des der Gemeinde gegenüberstehenden Amtsträgers und seines geistlichen Standes ergab und durchsetzen konnte. Die hier unerläßliche Bewußtseinswandlung erfordert jedoch nicht etwa die Entleerung oder Aufhebung der Ordination, sondern vielmehr die planmäßige Korrektur des Bildes vom Pfarramt. Notwendig sind die Differenzierung der kirchlichen Dienste und das Einfügen des Pfarrers in sie, das Ernstnehmen der Verantwortung der Gemeinde sowie der Leitungsfunktion des Kirchenvorstandes mit der Möglichkeit des Laienvorsitzen-

---

[36]) Vgl. Zweites Vatikanisches Dekret über das Apostolat der Laien; Dekret über Dienst und Leben der Priester. — Gemeinsame Synode der Bistümer in der Bundesrepublik Deutschland. Die Beteiligung der Laien an der Verkündigung; Verantwortung des ganzen Gottesvolkes für die Sendung der Kirche; Die pastoralen Dienste in der Gemeinde.

[37]) Die „Arnoldshainer Konferenz" ist eine lockere Vereinigung der unierten und reformierten Landeskirchen sowie der lutherischen Landeskirchen Oldenburg und Württemberg (letztere gastweise). Zur EKU gehören die landeskirchlichen Gebiete, die früher die Altpreußische Union bildeten. Die VELKD umfaßt die lutherischen Landeskirchen mit Ausnahme von Oldenburg und Württemberg. EKU und VELKD verstehen sich als „Kirche", nicht nur als Kirchenbund.

den und der Versetzbarkeit des Pfarrers und nicht zuletzt die Beseitigung des unangemessenen Sprachgebrauchs von ‚Geistlichen' und ‚geistlichem Stand'."[38])

EKU:

„Die theologisch erkannte Gleichheit des geistlichen Ranges aller Ämter und Dienste im Rahmen des allgemeinen Priestertums der Gläubigen nötigt zu Konsequenzen für die rechtliche Regelung ihrer institutionellen Gestaltung. Das verlangt auch im amtlichen und persönlichen Verkehr innerhalb der Kirche die Änderung von Gewohnheiten und Umgangsformen, um die gegenseitige Achtung und die wechselseitige Abhängigkeit aller Glieder der Gemeinde sichtbar zum Ausdruck zu bringen. Das verlangt auch eine Änderung kirchlicher Ordnungen und Gesetze, soweit sie die Bedeutung des einzelnen Amtes, z. B. des Pfarrers, unangemessen betonen und den Anteil aller Ämter und Dienste am Verkündigungsauftrag der Kirche nicht eindeutig genug berücksichtigen. Das verlangt schließlich die Bereitschaft zur großzügigen Freigabe und Förderung von Initiativen und Experimenten, in denen die Änderung der Ausbildungs- und Zugangsverfahren für die Ämter und Dienste, die Verbesserung der Zusammenarbeit zwischen den Ämtern und Diensten sowie die Schaffung neuer Ämter und Dienste für neue Verkündigungsformen angestrebt wird."[39])

VELKD:

„Die zunehmende Differenzierung des gesellschaftlichen Lebens hat das traditionelle Bild der durch den Pastor geleiteten und öffentlich vertretenen Gemeinde problematisch gemacht. In der heutigen Gemeinde stellt sich die Frage nach dem Verhältnis des Amtes der Kirche zu den anderen Diensten und Lebensäußerungen christlichen Glaubens mit neuer Dringlichkeit.

Auf die Erweiterung kirchlicher Aufgaben nach Umfang und Struktur hat die Kirche durch die Ausbildung von

---

[38]) Arnoldshainer Konferenz: Überlegungen zur Ordination heute (Votum vom 28. Februar 1970), in Burgsmüller/Frieling: aaO., 41f.

[39]) EKU: Gemeinde — Amt — Ordination (Votum des Ausschusses Amt und Gemeinde vom April 1970), ebd. 56.

Schwerpunkten in der kirchlichen Arbeit und durch die Neueinführung von Diensten reagiert. In der Regel wurden jedoch Aufgaben dieser Art dem traditionellen Pfarramt aufgebürdet und haben dort vielfach zu einer Überlastung geführt. Von daher ist zu fragen: Welche Funktionen sind für das Amt der Kirche konstitutiv? Welche anderen Dienste sind nötig?" [40])

Ämtermemorandum:

Das sogenannte Ämtermemorandum der sechs Ökumenischen Universitätsinstitute in Deutschland hatte 1973 den Zusammenhang von „Reform und Anerkennung kirchlicher Ämter" betont und zur Erneuerung in der katholischen wie in der evangelischen Kirche u. a. gesagt (These 20):

„*In beiden Kirchen* stellen sich *heute vordringlich folgende Aufgaben* zur Reform der bestehenden Amtsstrukturen:

a) Entsprechend den verschiedenen Arten von Gemeinden und den unterschiedlichen Möglichkeiten zur Gemeindebildung ist *das Amt, christliche Gemeinschaft zu bilden, zu leiten, zu koordinieren und zu integrieren, differenziert zu gestalten.* Dabei sind neben Territorialgemeinden *auch Personalgemeinden* (z. B. Studentengemeinden), *Wohnviertelgemeinden und Gemeinschaften,* die sich im Rahmen von Spezialseelsorge zusammenfinden, *als Gemeinden ernst zu nehmen und auch rechtlich anzuerkennen.*

Das entsprechend der jeweiligen Gemeinde verschieden ausgeübte Amt wird grundlegend wahrgenommen in der Verkündigung, im Vollzug der Sakramente und im tätigen Engagement. Für die konkrete Gestaltung und Tätigkeitsumschreibung dieses Amtes erweist sich heute im allgemeinen eine *Schwerpunktbildung und Spezialisierung* als *notwendig.*

Sie könnte sich nach folgenden, hier nur grob umrissenen Aufgabengebieten differenzieren:

---

[40]) VELKD: Stellungnahme des Theologischen Ausschusses zur Frage des kirchlichen Amtes und der Ordination (vom 13. Oktober 1970), ebd. 70.

— *Glaubenslehre:* Religionspädagogik, Katechese, theologische Erwachsenenbildung, theologische Lehre und Forschung;
— *kirchliche Beratungstätigkeit:* seelsorgliche Beratung von einzelnen Gruppen, Anleitung zu Gebet und Meditation, Erziehungs-, Ehe- und Lebensberatung, Telefonseelsorge;
— *kirchliche Sozialarbeit:* Seelsorge und Sozialhilfe für besondere Gruppen (z.B. Kranke, Strafgefangene, Obdachlose, Stadtteilarbeit), gesellschaftspolitische Diakonie;
— *übergreifende Leitungsaufgaben* (samt Regional- und Bistumsleitung): Öffentlichkeitsarbeit, Kooperation auf regionaler und kommunaler Ebene und mit außerkirchlichen Gruppen.

Dieser Aufgliederung *entsprechende Aus- und Weiterbildungsprogramme* sind — nicht zuletzt unter stärkerer Berücksichtigung der Humanwissenschaften — einzurichten.

Alle Amtsausübung kann auch kollegial geschehen. Sie soll immer in Absprache, in Zusammenarbeit mit den Mitarbeitern am Ort und im Zusammenwirken mit der ganzen Gemeinde geschehen.

b) Zur Erneuerung des kirchlichen Amtes ist die *Revision der traditionellen Totalrolle* notwendig. Dies schließt ein:
— die freie Wahl der Lebensform: verheiratet oder unverheiratet, in Familie oder in ordensähnlicher Gemeinschaft;
— für die Priester der katholische Kirche, die sich auf das noch bestehende Zölibatsgesetz verpflichtet haben, aber in einer veränderten Situation heiraten wollen, eine Regelung, die nicht diskriminiert und die eine weitere priesterliche Tätigkeit nicht ausschließt;
— die Möglichkeit, ein kirchliches Amt zeitlich begrenzt oder auch zusammen mit einem anderen Beruf auszuüben.

c) Eine Überwindung der Amtskrise ist nicht möglich ohne eine einschneidende *Reform der Strukturen für Kommunikations- und Entscheidungsprozesse...*

In der Zuordnung der Ämter zueinander sowie der Ämter und der freien charismatischen Dienste ist die *neu-*

testamentliche Struktur der Gemeinschaft mit ihren mannigfachen Relationen der Über- und Unterordnung im Horizont der *berechtigten Forderung nach Demokratisierung* neu zu gestalten.

Demokratische Strukturen wie Grundrechte, selbstverantwortliches Handeln, Kommunikation von der Basis zur Spitze und eine wirksame Mitbestimmung (auch bei der Berufung der Amtsträger) *sind zu verwirklichen.*"[41])

Knapp zehn Jahre nach dieser groß angelegten ökumenischen Reformarbeit scheint leider in jeder Kirche und auch im ökumenischen Dialog der Elan verschwunden zu sein, die Amtsfrage in dieser reformerischen und ökumenischen Dimension anzugehen. In dieser Hinsicht ist die Lima-Erklärung harmlos, und weil die Konvergenzen eher rückwärts als vorwärts beschrieben werden, muß der erneuernde Schwung mit Phantasie in den Text hineingelesen werden.

Universales Einheitsamt?

Das ordinierte Amt ist nach Nr. 13 Kommentar und Nr. 14 Kommentar „Bezugspunkt für die Einheit des Lebens und des Zeugnisses der Gemeinschaft (Kirche)" (vgl. Nr. 8). In Nr. 21 wird diese Funktion den Bischöfen für ihren mehrere Gemeinden umfassenden Verantwortungsbereich zugesprochen; in Nr. 23 ist die episkopé der „Dienst der Einheit" schlechthin, und in Nr. 29 wird den Bischöfen die Aufgabe zugesprochen, „die christliche Gemeinschaft in ihrem Gebiet in Verbindung mit dem weiteren Bereich der Kirche und die universale Kirche mit ihrer Gemeinschaft" zu bringen.

Ist das wirklich alles, was ökumenisch zur universalen Gestalt der Kirche gesagt werden kann? Immerhin hätten die Ökumenischen Konzile als ein Stück gemeinsamer Tradition der Christenheit genannt werden können. Die

---

[41]) Reform und Anerkennung kirchlicher Ämter. Ein Memorandum der Ökumenischen Universitätsinstitute, München/Mainz 1973, 21f. Leider wird bis heute dieses Memorandum wegen einiger Kritik der katholischen Deutschen Bischofskonferenz nahezu totgeschwiegen.

Vollversammlung des ÖRK in Uppsala 1968 hatte noch zu hoffen gewagt, daß eines Tages „ein wirklich universales Konzil wieder für alle Christen sprechen und den Weg in die Zukunft weisen kann“[42]).

In der Lima-Erklärung kommt das Amt der Synoden (Konzilien) gar nicht vor, und die zitierten Formeln weisen ausschließlich den Bischöfen die übergemeindliche und überregionale Einheitsfunktion zu. Hier ist wiederum zu fragen, ob die evangelischen Erfahrungen mit Synoden von ordinierten und nichtordinierten Mitgliedern nicht ein geeignetes Mittel sind, um die Berufung des ganzen Volkes Gottes darzustellen und ob nicht über die Landessynoden und konfessionellen Weltbünde hinaus dem ÖRK eine besondere Einheitsfunktion zukommt.

Durch die moderne ökumenische Bewegung hat der Protestantismus gelernt, daß es wichtig ist, die universale Gemeinschaft der Christenheit zu betonen und hierfür zweckdienliche Strukturen zu schaffen. Der ÖRK selbst bietet den Weg zu „konziliarer Gemeinschaft“, so daß trotz aller Schwierigkeiten die evangelischen Kirchen nachdrücklich dem ÖRK dieses vorläufige universale Einheitsamt zubilligen sollten.

Die Vorbehalte der römisch-katholischen Kirche sind bekannt. Sie werden in der Lima-Erklärung nicht erwähnt, obwohl ja offiziell delegierte römisch-katholische Theologen mitwirkten. Ein „Dienst der Einheit“ ohne die Betonung der besonderen Stellung des Papstes ist für die römisch-katholische Kirche nicht denkbar. Die Antwort der römischen Glaubenskongregation auf das anglikanisch/römisch-katholische Dialogergebnis hat keine Zweifel daran gelassen, daß die freundlichen Interpretationen ökumenisch aufgeschlossener römisch-katholischer Theologen und Bischöfe über die Dogmen des Ersten Vatikanischen Konzils im heutigen Rom nichts an der traditionellen Haltung ändern. Alle Brückenschläge — seien es die innerkatholischen Diskussionen über eine Reform des Papsttums unter den Gesichtspunkten der Kollegialität und Subsidiarität, oder seien es im ökumenischen Dialog

[42]) Bericht aus Uppsala 68. Offizieller Bericht, Genf 1968, S. 14.

gefundene Formen wie „Ehrenprimat" oder „Ein unter dem Evangelium gereinigtes Papstamt braucht kein Hindernis zur Versöhnung zu sein" (lutherisch/römisch-katholisches Gespräch in den USA) — haben in der Substanz keine Annäherung gebracht.

Bei wünschenswerten evangelisch/katholischen Gesprächen über die Lima-Erklärung darf man sich also keine Illusionen machen: das Schweigen über ein universales Einheitsamt bedeutet nicht, diese Frage sei auf der Ebene des ÖRK oder erst recht im Dialog mit der römisch-katholischen Kirche unwichtig oder gar erledigt. Es entspricht auch nicht römisch-katholischem Selbstverständnis, das Einheitsamt des Papstes zunächst zurückzustellen, um es nach einer Verständigung rasch lösen zu wollen. Es ist umgekehrt nämlich so, wie es die Glaubenskongregation im anglikanisch/römisch-katholischen Dialog bezüglich des päpstlichen Primats erklärt:

„Nach der katholischen Tradition ist sichtbare Einheit nicht etwas Äußerliches, das zu den Teilkirchen, die schon in sich selber über das vollständige Wesen der Kirche verfügen und es verwirklichen, hinzukommt; vielmehr gehört diese Einheit zur innersten Struktur des Glaubens und durchdringt alle seine Elemente. Deshalb ist das Amt, das diese Einheit gemäß dem Willen des Herrn bewahrt, befördert und zum Ausdruck bringt, ein konstitutiver Teil des Wesens der Kirche selber." [43])

Über ein universales Ökumenisches Konzil und über das Papstamt ist keine Verständigung zwischen den Konfessionen in Sicht. Das evangelische Interesse an einer universalen Gestaltung der Christenheit nötigt jedoch zu weiteren Gesprächen: Kann die Orthodoxie sich ein Ökumenisches Konzil vorstellen, das nicht nur Bischöfe, sondern Ordinierte und Nichtordinierte als im Heiligen Geist versammelte und bevollmächtigte Repräsentanten des Gottesvolkes umfaßt? Kann die römisch-katholische Kirche sich volle kirchliche Gemeinschaft mit, aber nicht unter dem Papst vorstellen? Das heißt Kirchengemeinschaft, bei der die Dogmen des Ersten Vatikanischen Konzils nur für die römisch-katholische Kirche gültig sind?

---

[43]) MdKI 33, 1982, 78.

IV. Sukzession in der apostolischen Tradition

Das vierte Kapitel der Lima-Erklärung ist ein Beispiel für einen langjährigen ökumenischen Lernprozeß[44]). Es bekundet Einmütigkeit in der Unterscheidung von „Apostolischer Tradition in der Kirche“ und „Sukzession des apostolischen Amtes“[45]). Es ist ein bedeutsamer ökumenischer Fortschritt, wenn ausdrücklich festgehalten wird, „daß eine Kontinuität im apostolischen Glauben, Gottesdienst und in der Sendung bewahrt ist in Kirchen, die nicht die Form des historischen Bischofsamtes beibehalten haben“ (Nr. 37). Kirchen mit bischöflicher Sukzession erkennen dies zunehmend an. Im Vordergrund steht sodann die allgemeine Aussage, die „geordnete Weitergabe des ordinierten Amtes“ sei „ein wirksamer Ausdruck der Kontinuität der Kirche durch die Geschichte“ (Nr. 35), die Sukzession der Bischöfe sei „zu einer der Formen“ geworden, „in der die apostolische Tradition zum Ausdruck kam“ (Nr. 36).

Auf eine historische und theologische Begründung dieser episkopalen Sukzession wird verzichtet. Nr. 36 Kommentar verweist auf Clemens von Rom und Ignatius von Antiochien, die voraussetzten, daß der Bischof Christus

---

[44]) Die Literatur zum Problem der apostolischen Sukzession ist fast unübersehbar. Hervorgehoben seien einige Arbeiten aus Deutschland, die wesentlich zur Konvergenzerklärung von Lima beigetragen haben: Im Jahre 1957 die „Erklärung des Ökumenischen Ausschusses der VELKD zur Frage der Apostolischen Sukzession“ (Amtsblatt der VELKD 1958, 123ff, sowie in Burgsmüller/Frieling, aaO., 74-82); im Jahre 1961 Edmund Schlink's Abhandlung „Die apostolische Sukzession“ (in Kerygma und Dogma 7, 1961, 79-114), und in Fortsetzung dazu 1973 die von Schlink mitverfaßte Studie aus dem Ökumenischen Institut der Universität Heidelberg „Die Apostolische Sukzession und die Gemeinschaft der Ämter“ (in Reform und Anerkennung kirchlicher Ämter, aaO. 123-162, mit viel Literatur). — Aus der parallel verlaufenen römisch-katholischen Debatte zur Apostolizität sei hervorgehoben Concilium 4, 1968, H. 4: Apostolisch durch Sukzession?, sowie verschiedene Arbeiten von Yves Congar, Joseph Ratzinger, Hans Küng, Walter Kasper, Edward Schillebeeckx.

[45]) Diese Terminologie variiert etwas von Rom/LWB Nr. 59ff, wo aber der Sache nach gleich zwischen „apostolischer Sukzession im inhaltlichen Sinn der Apostolizität der Kirche im Glauben“ und „Apostolischer Sukzession der Amtsträger“ unterschieden wird.

repräsentiert und daß er Nachfolger der Apostel ist. Es wird aber nicht begründet, warum dies nur dem „Bischof" und nicht etwa auch dem Presbyter möglich wäre. Wie die Bezeichnung „wirksam" in Nr. 35 zu verstehen ist, wird nicht erläutert. Die offensichtlich bewußte Ausklammerung der „theologischen Unterscheidung zwischen Episkopat und Presbyterat bzw. zwischen Bischof und Pfarrer"[46]) soll es in der Lima-Erklärung den Kirchen ohne Bischofsamt ermöglichen, „die bischöfliche Sukzession als ein Zeichen, jedoch nicht als eine Garantie der Kontinuität und Einheit der Kirche zu schätzen" (Nr. 38)[47]).

Das heißt im Klartext: Die Kirchen mit bischöflicher Sukzession verzichten auf subtile historische und theologische Begründungen ihrer Praxis, die sie für wesentlich für die Apostolizität der Kirche halten; und die Kirchen ohne bischöfliche Sukzession schließen sich dieser Praxis an, ohne die traditionellen theologischen Implikationen der episkopalen Sukzession zu übernehmen. Genau dies wird als Weg zur gegenseitigen Anerkennung in Nr. 53 nochmals vorgeschlagen.

Zwar wird die Frage nur als „Beispiel" gestellt, aber insgesamt gewinnt der Leser den Eindruck, daß alles auf dieses entscheidende Problem hinausläuft:

- Die Kirchen mit bischöflicher Sukzession sollen sowohl den „apostolischen Inhalt des ordinierten Amtes" in den anderen Kirchen anerkennen als auch „die Existenz eines Amtes der episkopé in verschiedenen Formen in diesen Kirchen".
- Die Kirchen ohne bischöfliche Sukzession sollen „erkennen, daß die Kontinuität mit der Kirche der Apostel

---

[46]) So eine Zwischenüberschrift in Rom/LWB Nr. 45. Hier wird die katholische Position durch den Hinweis vorgestellt, daß der Unterschied zwischen Bischof und Priester nur „divina ordinatione" bestehe, der Begriff „de iure divino" jedoch bewußt vermieden werde (Trienter Konzil, in Denzinger Schönmetzer 1776). Freilich besagt dies nichts für das katholische Beharren auf der episkopalen Sukzession mit allen kirchenrechtlichen Folgen für die Stellung des Bischofs und des Priesters.

[47]) Vgl. die Vorarbeit dazu bei der Konsultation in Genf 1979: Episkopé and episcopate in ecumenical perspective, Faith and Order Paper 102, Genf 1980 (dort S. 1-13 das „Memorandum", bes. S. 12).

durch die sukzessive Handauflegung der Bischöfe tiefen Ausdruck findet".

- Eine Reihe evangelischer Kirchen kann zunächst darauf verweisen, daß bei ihnen die bischöfliche Sukzession in verschiedenen Formen bewahrt wurde (s. o.).

Allerdings fehlt ihnen eben das, was die anderen Kirchen für wesentlich halten bei der episkopalen Sukzession: die Bischofsweihe. Ein evangelischer Bischof, Kirchenpräsident, Präses, Propst usw. wird „eingeführt", zumeist ohne Handauflegung, jedenfalls nicht „ordiniert" oder „geweiht".

- Würde es für eine ökumenische Anerkennung genügen, daß bei den Einführungen eines evangelischen „Bischofs" ein anderer Bischof die Hand auflegt?

Es muß bezweifelt werden, daß solch ein formaler Akt allein genügt; für die römisch-katholische, die orthodoxe und die anglikanische Kirche sind mit dem „sakramentalen Zeichen" bestimmte Vollmachten verbunden (Weihe-, Lehr- und Leitungsamt), die sie vermutlich für ein anzuerkennendes evangelisches Bischofsamt in apostolischer Sukzession voraussetzen.

Das Einführen einer evangelischen Bischofsordination bedeutet eine Änderung des bisherigen Ordinations- und Amtsverständnisses und der Kirchenverfassung:

- Die Ordination zu dem einen Amt der Wortverkündigung und Sakramentsverwaltung, das in verschiedenen Verantwortungsbereichen wahrgenommen wird, würde preisgegeben zugunsten eines „hierarchischen" Verständnisses.
- Das von Ordinierten und Nichtordinierten gemeinsam synodal ausgeübte Lehr- und Leitungsamt würde zugunsten des Bischofs abgewertet.

Sind die evangelischen Kirchen dazu bereit?

- Die Freikirchen mit eindeutigem Gemeindeprinzip müssen sich von solchem Konvergenzgeschehen völlig ausgeschlossen fühlen, obwohl sie in Nr. 37 mitgemeint sind als Kirchen, die ohne historisches Bischofsamt die Kontinuität im apostolischen Glauben bewahrt haben[48]).

---

[48]) Bei der Genfer Konsultation 1979 (s. Anm. 47) war unter vierzehn Teilnehmern nur ein Baptist als freikirchlicher Vertreter.

• Der Vorschlag der Lima-Erklärung lockert bisher festgefahrene Alternativen auf und ist insofern eine echte Konvergenz. Aber nüchtern betrachtet, wird es vorläufig wohl bei den beiden nicht kongruenten Hoffnungen bleiben: Die einen wünschen ein universales Akzeptieren der apostolischen Sukzession im Bischofsamt (Nr. 38 und 53), die anderen suchen eine gegenseitige Anerkennung, indem die Wirklichkeit und die Funktion der episkopé in den Kirchen aufgespürt wird, die offiziell kein Bischofsamt und keinen Bischofstitel haben, die jedoch die Apostolizität im Glauben bewahrt haben (Nr. 37).

V. Ordination

Nachdem in den vorangegangenen Kapiteln bereits Grundsätzliches zur Bedeutung des ordinierten Amtes und den verschiedenen Funktionen der Amtsträger gesagt wurde, konnte das diesbezügliche Kapitel relativ knapp ausfallen. Überraschenderweise wird anders als in den Texten zu Taufe und Eucharistie darauf verzichtet, anhand der Ordinationsliturgien der Kirchen gegenseitig bereichernde Erfahrungen auszutauschen[49]). In äußerst komprimierter Fassung werden die Konvergenzen über die Bedeutung und den Akt der Ordination sowie die Bedingungen der Ordination dargelegt[50]).

Ein Handeln Gottes und der Gemeinschaft

Im Vordergrund stehen ein christologischer und ein pneumatologischer Aspekt: Wenn die Kirche durch beauftragte Amtsträger und durch das Gebet der Gemeinde jemanden ordiniert, so ist der auferstandene Herr der

---

[49]) Vgl. Frieder Schulz: Dokumentation der Ordinationsliturgien, in Rom/LWB 57-101. Hier sind lutherische und römisch-katholische Liturgien zusammengestellt; eine Synopse mit Formularen weiterer Kirchen steht noch aus.

[50]) Vgl. die ersten Vorüberlegungen zu diesem Kapitel in dem Arbeitspapier „Die Bedeutung der Ordination“, Ökumenische Diskussion Bd. IV. Nr. 4, Genf 1968.

wahre Ordinator (Nr. 39); die Ordination bezeichnet „ein Handeln Gottes und der Gemeinschaft“ (Nr. 40). Konstitutiv für die Ordination ist die Anrufung des Heiligen Geistes (Epiklese); die Handauflegung ist „Zeichen der Gabe des Geistes“ (Nr. 39). Die Formulierungen, welche „die göttliche Initiative“ betonen sollen (Nr. 42), sind verbunden mit ekklesiologischen Aussagen, wonach die Ordination „ein Akt der gesamten Gemeinschaft und nicht eines bestimmten Standes in ihr oder des einzelnen Ordinierten“ ist (Nr. 41). Die Anerkennung und die Gebete der Gemeinde sind somit wesentlich. Auch die gegenseitige „Verpflichtung der Kirche wie des Ordinierten gegenüber ihrer neuen Beziehung“ (Nr. 44) drückt die oben (Nr. 26) betonte gemeinschaftliche Dimension des Amtes aus.

Dem allen kann aus evangelischer Sicht zugestimmt werden, ja auch die Freikirchen können ihre Berufungen von Predigern und die Fürbitte der Gemeinde für sie durchaus in diesem Sinne verstehen. Rückfragen kommen bei mehrdeutigen Formulierungen: Was sind eigentlich die „Gabe“ (Nr. 39), die „Gaben“ (Nr. 41, 44), die „Gabe des ordinierten Amtes“ (Nr. 43) oder das „gottgegebene Charisma des Amtes“ (Nr. 48)? Und was heißt „sakramentales Zeichen“?

„Gabe“ und „sakramentales Zeichen“

Nr. 39 spricht im Singular von der „Gabe“ ohne nähere Apposition; wenige Zeilen später wird die „Gabe des Geistes“ genannt. In Nr. 44 werden „die Gaben des Geistes im Ordinierten“ erwähnt, und in Nr. 45 ist von „natürlich wie geistlich geschenkten Begabungen und Gnadengaben“ die Rede. Die entscheidende und zwischen den Kirchen bisher kontroverse Frage ist, ob und was diese Gaben mit dem Ordinationsakt zu tun haben; das Verständnis der Ordination als „sakramentales Zeichen“ hängt eng mit dieser Frage zusammen.

Nr. 42 interpretiert das Gemeinte: „Die Anrufung des Geistes schließt das völlige Sich-Verlassen auf Gott im Blick auf die Erhörung des Gebetes der Kirche ein.“ Die Epiklese ist also nicht nur ein Gebetswunsch, dessen Erhörung völlig ungewiß ist, sondern Ausdruck der Gewißheit, daß Gott seine Verheißung der Gabe des Heiligen Geistes wahr macht. Daß der Geist weht, wo er will (Joh 3,8) wird durch solche Glaubensgewißheit nicht aufgehoben (Nr. 42).

Dieses Verständnis der Epiklese hat in allen Ordinationsliturgien in der EKD seinen Niederschlag gefunden, wenn es im Gebet heißt: „im Vertrauen auf seine Verheißung ...". An dieser Stelle findet evangelischerseits auch die Handauflegung ihre Bedeutung: „Ihr Sinn ist sicher nicht Geistmitteilung, sondern Zeichen des fürbittenden Zuspruchs"[51]). Nur mit dieser Einschränkung und in diesem Sinne kann von evangelischer Seite Nr. 39 zugestimmt werden, daß die Handauflegung Zeichen der Gabe des Geistes sei.

Verstehen andere Kirchen die Handauflegung auch so? Oder ist, etwa in der römisch-katholischen und orthodoxen Kirche, mit Zeichen sogleich „wirksames Zeichen", „sakramentales Zeichen", „Sakrament" gemeint? Nr. 43 bezieht das „sakramentale Zeichen" nicht allein auf die Handauflegung, sondern auf den gesamten Ordinationsakt: „im Vertrauen darauf, daß Gott in Treue zu seiner Verheißung in Christus sakramental in kontingente, geschichtliche Formen menschlicher Beziehungen eingeht und sie für seine Zwecke benutzt". Hier ist wichtig zu sehen, daß „nicht die Verleihung eines besonderen Charakters an die Person des Ordinierten im Sinne eines sakramental-ontologischen Status" gemeint ist, was die VELKD 1970 ausdrücklich abgelehnt hatte[52]). Die kontingenten geschichtlichen Formen menschlicher Beziehungen zwischen dem Ordinierten und der Gemeinde sind in der Lima-Erklärung der „sakramentale" Bezugspunkt, ohne daß der Begriff „sakramental" näher erläutert wird.

Wenn man nicht lange über den Sakramentsbegriff streiten will[53]), sind solche Formulierungen durchaus evange-

---

[51]) Arnoldshainer Konferenz 1970, in Burgsmüller/Frieling: aaO., 43.

[52]) VELKD 1970, in Burgsmüller/Frieling: aaO., 73.

[53]) Melanchthon hatte in der Apologie zu CA XIII, 11f nicht ausgeschlossen, die Ordination ein Sakrament zu nennen, ähnlich Calvin in seiner Institutio IV, XIX, 28.

lisch vertretbar. Andererseits ist im Gesamtverständnis der Ordination in der Lima-Erklärung im Vergleich zum evangelischen Amtsverständnis eine deutliche Akzentverschiebung festzustellen. In der Lima-Erklärung geht es um die geistliche Beziehung zwischen Personen, nämlich zwischen dem ordinierten Amtsträger und den nichtordinierten Gemeindegliedern sowie zwischen den Ordinierten untereinander, während die evangelische Ordinationsliturgien mehr die Berufung in das Amt der öffentlichen Verkündigung betonen, wobei das Gegenüber zur Gemeinde das Wort Gottes und seine Predigt sind, nicht an sich die Gaben des Amtsträgers oder gar seine Person.

Insbesondere der orthodoxen Theologie liegt daran, das Amt in Ausdrücken besonderer Beziehungen zu beschreiben und nicht etwa vorrangig unter der Fragestellung, was die Ordination (Priesterweihe) dem Geweihten persönlich gibt[54]). Allerdings bewirken die Anrufung des Heiligen Geistes und die Handauflegung auch nach orthodoxer Auffassung eine besondere Teilhabe am Priestertum Christi. „Sie [die orthodoxe Kirche] sieht in der Geistlichkeit eine Körperschaft, die kraft eines besonderen Charismas das Organ ist, durch welches die Kirche ihre Gnadenmittel, wie zum Beispiel die Sakramente, austeilt“[55]).

In der römisch-katholischen Theologie gibt es etliche Bemühungen, alte Mißverständnisse bei den ontologischen Kategorien für die Priesterweihe, das Amtscharisma und den „character indelebilis“, zu vermeiden und das Funktionale zu betonen[56]). In den offiziellen Texten des Zweiten Vatikanischen Konzils und auch in den Verlautbarungen von Papst Johannes Paul II., Kardinal Ratzinger und anderen Theologen wird jedoch eindeutig daran festgehalten, daß das in der Priesterweihe durch die Salbung des

---

[54]) Vgl. Johannes Zizioulas: Priesteramt und Priesterweihe im Licht der östlich-orthodoxen Theologie, in Herbert Vorgrimler (Hg.): Amt und Ordination in ökumenischer Sicht (= Der priesterliche Dienst V, Quaestiones Disputatae 50), Freiburg 1973, 72-113 (bes. 84ff).

[55]) Orthodoxe Sondererklärung in Lausanne 1927, aaO., 539. An dieser Auffassung hat sich nichts geändert.

[56]) Vgl. z. B. Georg Denzler (Hg.): Priester für heute. Antworten auf das Schreiben Papst Johannes Paul II. an die Priester [19 Beiträge], München 1980.

Heiligen Geistes vermittelte Charisma den Priester Christus gleichförmig macht, so daß erst auf dieser sakramentalen Grundlage die Wahrnehmung der verschiedenen Amtsfunktionen möglich wird[57]).

Zwar ist jeder Getaufte und Gefirmte mit dem Heiligen Geist gesalbt und zu einem heiligen Priestertum geweiht, aber das allgemeine Priestertum und das besondere Weihepriestertum „unterscheiden sich dem Wesen und nicht bloß der Gnade nach"[58]). Hier wird deutlich, daß es nicht nur um unterschiedliche Denkstrukturen geht, sondern um umstrittene christologisch-inkarnatorische Vorstellungen, wonach das Weihesakrament einen Menschen befähigt, „in der Person Christi" zu handeln. Vor allem für das Meßopfer ist nach römisch-katholischer Lehre dieses Amtsverständnis unerläßlich: der Priester verkündigt nicht nur den Tod des Herrn, sondern durch seinen Dienst und seine Hände bringt die Gemeinde Gott das Opfer Christi dar[59]).

Die Lima-Erklärung vermeidet es, die „Gabe" genau zu beschreiben, die bei der Ordination nach Auffassung einiger Kirchen verliehen wird. Sie geht auch nicht detailliert darauf ein, warum und wozu ordiniert wird, etwa als Bot-

---

[57]) Zweites Vatikanisches Konzil, Priesterdekret „Presbyterorum ordinis" Nr. 2: „Dieses [das Weihesakrament] zeichnet die Priester durch die Salbung des Heiligen Geistes mit einem besonderen Prägemal und macht sie auf diese Weise dem Priester Christus gleichförmig (configurantur), so daß sie in der Person des Hauptes Christus handeln können." Vgl. Johannes Paul II., Gründonnerstagsschreiben 1980 „Über das Geheimnis der Verehrung der heiligsten Eucharistie", in Verlautbarungen des Apostolischen Stuhles Nr. 15, Bonn 1980, bes. Nr. 15. — Vgl. Ratzinger: Die kirchliche Lehre vom sacramentum ordinis, in IKZ 10, 1981, 435-445 (vgl. das ganze Septemberheft 1981 der IKZ, wo Plädoyers für den „ontologischen Status des Amtsträgers" gehalten werden, bes. Jan Ambaum, 421-434).

[58]) Zweites Vatikanisches Konzil, Kirchenkonstitution Nr. 10.

[59]) In der Erklärung der römischen Glaubenskongregation zum anglikanisch/römisch-katholischen Dialogergebnis wird ausdrücklich der Wechselbezug von Amts- und Opferverständnis betont: Die Kirche bringt durch den Priester auf sakramentale Weise das Opfer Christi dar, d. h. vom sakramentalen Opfer hängt das Priestertum des ordinierten Amtsträgers ab (MdKI 33, 1982, 77). Alle Verständigungen mit der römisch-katholischen Kirche über eine Anerkennung der Ämter würden also nichts bedeuten, wenn nicht Einigkeit über das Meßopfer erreicht ist!

schafter an Christi Statt das Evangelium zu predigen oder darüber hinaus auch zur Befähigung, in der Person Christi das Meßopfer darzubringen. Der Streit um einen „ontologischen Status“ und um Berufung zu bestimmten Funktionen wird in orthodoxem Sinne aufgehoben in der Formulierung, daß Gott mit der Ordination „sakramental in kontingente, geschichtliche Formen menschlicher Beziehungen eingeht“. Ob diese Konvergenz etwas zur gegenseitigen Anerkennung der Ordination zwischen den katholischen und orthodoxen Kirchen einerseits und den protestantischen andererseits austrägt oder nur als ungenügender verbaler Minimalkonsens gewertet wird, muß sich vor allem in den bilateralen Dialogen erweisen[60]).

Bedingungen für die Ordination

Die Ausführungen in Nr. 45-50 beschreiben nicht nur Konvergenzen, sondern einen weitgehenden Konsens über die Bedingungen für die Ordination (mit Ausnahme der Zulassung von Frauen; vgl. S. 132). Wenig geübt wird hierzulande die Möglichkeit, auch Personen zu ordinieren, die nur nebenberuflich das kirchliche Amt wahrnehmen. Bisweilen sind „Prediger“ bei uns zur Wortverkündigung ordiniert, aber nicht zur Sakramentsverwaltung; diese Praxis bedarf sicherlich der Überprüfung. Nr. 50 erwähnt „Experimente in neuen Formen des Amtes, mit denen die Kirchen sich an die moderne Welt wenden“. Der Accra-

---

[60]) Was die evangelisch/katholischen Gespräche betrifft, muß man im Blick auf Rom/LWB und Rom/RWB (Die Gegenwart Christi in Kirche und Welt. Gespräche zwischen dem Reformierten Weltbund und dem römischen Einheitssekretariat, Una Sancta 33, 1978, 2-24) sagen, daß nach dem Maßstab der römischen Glaubenskongregation dort nicht das volle römisch-katholische Amtsverständnis dargelegt wurde, weil man sich deutlich auf die Funktionen des Amtes konzentrierte (vgl. bes. in Rom/LWB Nr. 85 den Vorschlag, zu einem Teilkonsens über „wesentliche Funktionen des Amtes“ zu kommen). Umgekehrt enthält Rom/LWB gemeinsame Aussagen, die schwerlich einen gesamtlutherischen Konsens finden, z. B. Nr. 32: die Gabe des Heiligen Geistes werde durch Handauflegung und Epiklese „zuteil“, Nr. 33: durch den Akt der Ordination „befähige“ der Heilige Geist für immer zum Dienst an Wort und Sakrament. Solche Formulierungen deuten auf ein Weiheverständnis hin, das zumindest in der VELKD so nicht geteilt wird.

Text von 1974 brachte hierfür ein eigenes Kapitel „Das Amt in der Praxis heute“. Es war schon erheblich reduziert gegenüber dem Text von Löwen 1971, und es ist schade, daß es nun in der Lima-Erklärung ganz fortgefallen ist. Denn trotz der besonderen Bedingungen in den verschiedenen Kirchen und Kulturräumen wäre ein ökumenischer Erfahrungsaustausch gerade auf dem Gebiet der Praxis angebracht. Schon die Zwischenüberschriften im Accra-Text erleichterten den Gemeindegliedern, die mehr an diesen Fragen als an schwierigen dogmatischen Überlegungen interessiert sind, den Zugang zur Amtsproblematik: „Veränderung und Erneuerung in Kirche und Amt“, „Die Rolle des Amtsträgers“, „Neue Ämter und Alte Ämter“.

Über die Vorbereitungen (Ausbildung) zum ordinierten Amt sind die Ausführungen der Lima-Erklärung ebenfalls knapp gehalten. Je nach Kulturraum ist sicherlich ein eigengeprägtes Studium angebracht. Der ökumenische Austausch von theologischen Lehrern und das Stipendien- und Austauschprogramm für Theologiestudenten läuft seit Jahren sehr intensiv, was die Lima-Erklärung bescheiden verschweigt.

VI. Auf dem Weg zur gegenseitigen Anerkennung der ordinierten Ämter

Der Weg zur gegenseitigen Anerkennung der ordinierten Ämter ist lang und beschwerlich. Ein Fortschritt seit Lausanne 1927 ist insofern unverkennbar, als die Kirchen sich besser kennengelernt und auch die Position des andern besser zu verstehen gelernt haben. Heute sind nahezu alle Kirchen am ökumenischen Gespräch beteiligt, während 1927 sich die Orthodoxen in der Sache und die römisch-katholische Kirche überhaupt zurückhielten. Aber ist man in der Anerkennungsfrage selbst weitergekommen?

Nach der Bestandsaufnahme von 1927 wurde versucht, von den christologischen und ekklesiologischen Begründungen her die Amtsproblematik aufzurollen (Lund 1952). Seit den 60er Jahren wirkten die Orthodoxen intensiver mit und sorgten für eine stärkere Betonung der pneumatologischen Dimension des Amtes (Epiklese und das „Geistgeschehen“ zwischen Amt und Gemeinde). Seit Bristol 1967 ging die Kommission für Glauben und Kirchenverfassung pragmatisch an das Amtsthema heran, indem die Existenz des ordinierten Amtes vorausgesetzt und indem untersucht wurde, ob die Übereinstimmungen zumindest der Intention nach nicht größer sind als die Kirchen bisher zugestehen konnten. Tatsächlich wurden zahlreiche Konvergenzen ermittelt, vor allem in der allseitigen Erkenntnis, daß die Kontinuität des apostolischen Glaubens im wesentlichen auch bei den Kirchen bewahrt sein kann, die ein anderes Amtsverständnis als das eigene haben. Die römisch-katholische Kirche beteiligte sich seit Ende der 60er Jahre; sie verstärkte den ‚katholischen‘ Flügel bei „Glauben und Kirchenverfassung“, drängte jedoch nicht auf die Behandlung einiger spezifischer römisch-katholischer Anliegen wie dem Papstprimat oder das Meßopferpriestertum.

Was den harten Kern der Frage einer gegenseitigen Anerkennung betrifft, so ist die Lima-Erklärung von 1982 kaum weitergekommen als Lausanne 1927. Die damals festgestellten Gemeinsamkeiten und Unterschiede[61]) begegnen auch heute noch in ähnlicher Weise. In der Lima-Erklärung geht es hauptsächlich um das Festhalten der Konvergenzen und das vorläufige Zurückstellen brisanter Kontroversfragen, teilweise auf Kosten der Freikirchen. Georg H. Vischer registrierte in seiner Dissertation über „Fünfzig Jahre Diskussion über das kirchliche Amt in Glauben und Kirchenverfassung“ bei einem Vergleich von Lausanne 1927 und Accra 1974 verblüffende Ähnlichkeiten, mochte jedoch nicht pauschal von einem geringen Ertrag der Debatte sprechen: „Das wäre ein Fehlurteil. Vielmehr zeigte [der Vergleich] einmal, daß die Väter in Lausanne gute und gründliche Arbeit geleistet haben. Zum andern aber darf das, was in den fünfzig Jahren geschehen ist, nicht nach den Texten allein beurteilt werden, in denen sich einige Einsichten niedergeschlagen haben“[62]).

---

[61]) Vgl. oben S. 109f.
[62]) G. H. Vischer: aaO., 198f.

Dieser Hinweis ist für eine sachgerechte Beurteilung des Weges zur Anerkennung wichtig. Hinzu kommt ein Weiteres: Die Frage gegenseitiger Anerkennung der Ämter, ja die Amtsfrage insgesamt, darf nicht isoliert betrachtet werden, sondern gehört in den Gesamtzusammenhang der gegenseitigen Anerkennung von Glaubens- und Kirchengemeinschaft. Die verschiedenen evangelischen Konfessionskirchen erkennen ja durchaus ihre Ämter gegenseitig an, aber dadurch ist keineswegs das Problem getrennter Konfessionen gelöst.

Die Hauptschwierigkeit ist das Syndrom von Problemen. Wird ein Einzelproblem ökumenisch erörtert — also je für sich die apostolische Sukzession, die episkopé, die Ordination, das dreistufige Amt oder auch die jeweiligen christologischen, pneumatologischen und ekklesiologischen Begründungen — können gemeinsame Intentionen und Konvergenzen festgestellt werden. Wird jedoch der Zusammenhang mit dem theologischen System einer Konfession hergestellt, zeigt es sich, daß kaum jemand von einem Konsens oder von gegenseitiger Anerkennung zwischen orthodoxen, katholischen und protestantischen Kirchen sprechen möchte. Die Lima-Erklärung selbst gibt zu erkennen, daß konkrete Schritte zur Anerkennung durch bilaterale Unionsverhandlungen erfolgen müssen.

Die Lima-Erklärung deutet drei Möglichkeiten an, das Problembündel zu entflechten:

- „bewußte Anstrengungen" aller Kirchen, „die Formen des ordinierten Amtes und das Maß, in dem sie seinen ursprünglichen Intentionen treu sind, zu überprüfen" (Nr. 51);
- die bischöfliche apostolische Sukzession als Zeichen der Kontinuität mit der Kirche der Apostel überall einzuführen (Nr. 52f);
- nach Unionsverhandlungen in einer Entscheidung der zuständigen Autoritäten und durch einen liturgischen Akt die gegenseitige Ämteranerkennung zu verkünden (Nr. 55).

Zu den Aussagen von Nr. 51

- Der Aufruf zur Erneuerung des Verständnisses und der Praxis des ordinierten Amtes kommt einer Selbstkritik der Kommission für Glauben und Kirchenverfassung gleich. Denn eben von diesem Impetus zur Erneuerung ist die Kommission seit Löwen 1971 abgegangen. Der Zusammenhang von „Reform und Anerkennung kirchlicher Ämter", wie er etwa von den Ökumenischen Universitätsinstituten in Deutschland gesehen wurde, muß ökumenisch wiederentdeckt werden! Diese Aufgabe wird ergänzt durch die Anregung von Rom/LWB Nr. 83, der Weg zur Anerkennung führe „von einer gegenseitigen Achtung der Ämter über eine praktische Zusammenarbeit". Da alle Kirchen herausgefordert sind, in immer wieder neuen Formen des Amtes und der Dienste in der modernen Welt das Evangelium in Wort und Tat zu verkündigen, gilt es jetzt, die Amtsfrage von dieser Seite her ökumenisch neu aufzurollen.

• Die EKD sollte die oben S. 136ff in Erinnerung gerufenen Voten zur Erneuerung der Ämter und Dienste erneut in den Gemeinden, Synoden und Pfarrerkonferenzen behandeln und dazu das Gespräch mit den anderen Kirchen suchen.

Zu den Aussagen von Nr. 52 und Nr. 53

• Die evangelischen Kirchen sind es den anderen Kirchen schuldig, ihr Verständnis von apostolischer Sukzession und episkopé zu verdeutlichen. Zum Vorschlag von Nr. 53b) sind Rückfragen an die römisch-katholische, orthodoxe und anglikanische Kirche angebracht: Genügt eine Einreihung in die sukzessive Handauflegung der Bischöfe oder impliziert die „episkopale Sukzession" die Übernahme einer sakramentalen Bischofsweihe, wodurch — zumindest in der katholischen und orthodoxen Kirche — das hierarchische, allein authentische Lehr- und Leitungsamt vermittelt wird? Ein solches Verständnis bischöflicher Sukzession könnte evangelischerseits nicht rezipiert werden.

• Die episkopé durch Synoden mit ordinierten und nichtordinierten Amtsträgern muß neben der episkopalen Sukzession als ein angemessener Ausdruck der Berufung des ganzen Volkes Gottes ins ökumenische Gespräch eingebracht werden.

• Die evangelischen Kirchen können ohne weiteres die Ämter der anderen Kirchen respektieren, auch wenn sie deren Gliederung und das theologische Verständnis des Amtes für sich selbst nicht übernehmen wollen.

Diese Haltung entspringt nicht billiger Toleranz, sondern der Auffassung, daß Inhalts- vor Formfragen stehen, d. h. daß die Übereinstimmung im Verständnis des Evangeliums als Rechtfertigungsbotschaft von der freien Gnade Gottes in Jesus Christus wesentlicher ist als die Frage der kirchenamtlichen Vermittlung; nicht das Amt, sondern allein die rechte Verkündigung des Evangeliums gewährleistet die Einheit der Kirche.

Die evangelischen Kirchen haben aus ihrer Grundhaltung bisher kaum praktische Konsequenzen gezogen. Konvertierende römisch-katholische, orthodoxe und anglikanische Priester, die evangelische Pfarrer werden möchten, werden nochmals ordiniert. Diese Praxis könnte durch Synodalbeschlüsse geändert werden:

• Die Ordination in der anderen Kirche wird anerkannt, es erfolgt nur die übliche „Amts-Einführung" in der evangelischen Kirche sowie die Verpflichtung auf das evangelische Bekenntnis[63]). Solch ein einseitiger evangelischer Schritt zur Ämteranerkennung kann ein wichtiges Zeichen sein, daß aus Konvergenzen auch Konsequenzen gezogen werden können.

Nach dem Modell der Leuenberger Konkordie zwischen den lutherischen und reformierten Kirchen in Europa sollten weitere innerprotestantische Verhandlungen zur Verwirklichung der Kirchengemeinschaft unternommen werden. Die VELKD hat bilaterale Dialoge mit einzelnen Freikirchen begonnen. In einer zweiten Phase könnten weitere evangelische Landeskirchen beteiligt werden.

• Ein Ziel des multilateralen Dialogs, wie er sich in der Lima-Erklärung niedergeschlagen hat, wäre erreicht, wenn die evangelischen Kirchen untereinander mit gemeinsamen Erklärungen zur gegenseitigen Anerkennung beginnen

---

[63]) Der Ökumenische Studienausschuß der VELKD unterbreitete bereits 1980 diesen Vorschlag; vgl. J. Baur (Hg.): aaO. (Anm. 1), 174, 177f.

würden. Nicht eine protestantische Blockbildung, sondern eine Erleichterung für das Gespräch mit den übrigen Kirchen wäre voraussichtlich die Folge.

Die Wege zur gegenseitigen Anerkennung und zur Kirchengemeinschaft dürfen nicht nur von Kommissionen, Experten und Kirchenleitungen begangen werden. Mindestens ebenso wichtig ist die Gemeindeebene und daß durch gegenseitige Achtung und praktische Zusammenarbeit zwischen institutionell getrennten Konfessionen Gemeinschaft gelebt wird.

LITERATUR IN AUSWAHL

Texte der Kommission für Glauben und Kirchenverfassung

Taufe, Eucharistie und Amt. Konvergenzerklärungen der Kommission für Glauben und Kirchenverfassung des Ökumenischen Rates der Kirchen, Frankfurt/Paderborn 1982, 50 S. [Lima-Erklärung].

Die Lima-Liturgie in der deutschen Fassung vom 28. Juli 1982: ÖR 32, 1983, 29-35.

Geiko Müller-Fahrenholz (Hg.): Accra 1974, ÖR.B 27, 1975, 94-139.

Dokumente des bilateralen Dialogs

Gesamtausgabe:

Harding Meyer/Hans Jörg Urban/Lukas Vischer (Hg.): Dokumente wachsender Übereinstimmung, Paderborn/-Frankfurt 1983, ca. 500 S. [erscheint demnächst].

Einzelne Texte:

Konkordie reformatorischer Kirchen in Europa (Leuenberger Konkordie): ÖR 21, 1972, 402-408.

Die Gegenwart Christi in Kirche und Welt. Gespräche zwischen dem Reformierten Weltbund und dem römischen Einheitssekretariat: US 33, 1978, 2-24.

Gemeinsame römisch-katholische/evangelisch-lutherische Kommission: Das Herrenmahl (1978), Paderborn/Frankfurt 10. Aufl. 1981, 116 S.

Gemeinsame römisch-katholische/evangelisch-lutherische Kommission: Das geistliche Amt in der Kirche (1981), Paderborn/Frankfurt 3. Aufl. 1982, 134 S.

Sekundärliteratur

Auf dem Weg zu einem ökumenischen Konsens über Taufe, Eucharistie und Amt. Eine Antwort an die Kirchen, Genf 1977 (Faith and Order Paper 84) (Auswertung der Antworten der Kirchen auf den Accra-Text).

LWB-Studienabteilung (Hg.): Echo aus der Ökumene, Genf 1981, 177 S. (Stellungnahmen lutherischer Kirchen und der Arnoldshainer Konferenz zum Accra-Text).

George R. Beasley-Murray: Die christliche Taufe, Kassel 1968, 546 S.

Walter Kasper (Hg.): Christsein ohne Entscheidung oder Soll die Kirche Kinder taufen? Mainz 1970, 241 S.

Robert Leuenberger: Taufe in der Krise. Feststellungen, Fragen, Konsequenzen, Modelle, Stuttgart 1973, 175 S.

Carl Heinz Ratschow: Die eine christliche Taufe, Gütersloh 2. Aufl. 1979, 279 S.

Stephan Horn: Die Taufe, in Hubert Luthe (Hg.), Christusbegegnung in den Sakramenten, Kevelaer 1981, 201-243 (röm.-kath. Lit.).

Åke V. Ström / Gerhard Delling / Georg Kretschmar / Erwin Iserloh / Joachim Staedtke / Albrecht Peters / Ulrich Kühn / Gustaf Wingren: Art. Abendmahl, TRE Bd. 1, 1977, 43-229 (Lit.).

Hans Graß: Die gemeinsame katholisch-lutherische Erklärung zum Herrenmahl, MdKI 30, 1979, 87-92.

Theodor Schneider: Deinen Tod verkünden wir. Gesammelte Studien zum erneuerten Eucharistieverständnis, Düsseldorf 1980, 268 S.

Wiard Popkes: Abendmahl und Gemeinde. Das Abendmahl in biblisch-theologischer Sicht und in evangelisch-freikirchlicher Praxis, Wuppertal-Kassel 1981, 111 S.

Josef Blank/Heinrich Fries/Joachim Heubach/Anastasios Kallis/Walther von Loewenich/Leo Scheffczyk/Heinz Schütte: Was hindert uns? Das gemeinsame Herrenmahl der Christen, Regensburg 1981, 143 S.

Jean-Hervé Nicolas: Die Eucharistie, in Christusbegegnung in den Sakramenten (s. o.), 289-364 (röm.-kath. Lit.).

Reform und Anerkennung kirchlicher Ämter. Ein Memorandum der Arbeitsgemeinschaft ökumenischer Universitätsinstitute, München/Mainz 1973, 208 S. (Die Thesen des Memorandums sind mit einem Kommentar von Gottlob Hild dokumentiert in MdKI 24, 1973, 28-34.)

Herbert Vorgrimler (Hg.): Amt und Ordination in ökumenischer Sicht. Der priesterliche Dienst Bd. V (Quaestiones disputatae 50), Freiburg-Basel-Wien 1973, 303 S.

Alfred Burgsmüller/Reinhard Frieling (Hg.): Amt und Ordination im Verständnis evangelischer Kirchen und ökumenischer Gespräche, Gütersloh 1974, 153 S.

Reinhard Mumm/Gerhard Krems (Hg.): Ordination und kirchliches Amt. Veröffentlichung des ökumenischen Arbeitskreises evangelischer und katholischer Theologen [= Stählin/Jaeger-Kreis], Paderborn/Bielefeld 1976, 176 S.

Sven S. Hartman/Diethelm Michel/Clemens Thoma/Jürgen Roloff/Richard P. C. Hanson/Knut Schäferdiek/Holsten Fagerberg/Carl Heinz Ratschow: Art. Amt/Ämter/Amtsverständnis, TRE Bd. 2, 500-622 (Lit.).

Georg Denzler (Hg.): Priester für heute. Antworten auf das Schreiben Papst Johannes Pauls II. an die Priester. Mit Dokumentation des Papstschreibens vom 8. April 1979, München 1980, 228 S.

Jörg Baur (Hg.): Das Amt im ökumenischen Kontext. Eine Studienarbeit des Ökumenischen Ausschusses der VELKD, Stuttgart 1980, 182 S.

Hans-Jochen Jaschke, Das Sakrament der Weihe, in Christusbegegnung in den Sakramenten (s. o.), 481-532 (röm.-kath. Lit.).

Georg H. Vischer: Apostolischer Dienst. Fünfzig Jahre Diskussion über das kirchliche Amt in Glauben und Kirchenverfassung, Frankfurt 1982, 250 S.

Peter Lengsfeld/Heinz-Günther Stobbe (Hg.): Theologischer Konsens und Kirchenspaltung, Stuttgart-Berlin-Köln-Mainz 1981, 174 S.

*

Zeitschriften und Reihenwerke werden nach dem Abkürzungsverzeichnis der Theologischen Realenzyklopädie, Berlin-New York 1976, zitiert.